INTERMEDIATE READER

¡Lee conmigo!

2

HOLT, RINEHART AND WINSTON

A Harcourt Education Company

Austin • Orlando • Chicago • New York • Toronto • London • San Diego

Author:

Sylvia Madrigal Velasco

Contributing writer:

Ana Beatriz Chiquito: «Cada loco con su tema» (Chapter 6)

Reviewer:

Marcia Tugendhat

Front and Back Cover Photography credits:

All photos Corbis Images except: Student, HRW Photo/Sam Dudgeon; clouds, PhotoDisc - Digital Image copyright © 2003 PhotoDisc; skyscraper, Tom Owen Edmunds/Image Bank.

Printed in the United States of America

ISBN [0-03-065616-8]

11 018 07 06

To the Student

Upon opening a book, you step into an interactive world in which you may experience emotions and worlds far from your own reality. When you read you connect with the text in your own unique way. If a character is telling a lie to his mother, you might be sad and disappointed. Yet another reader might relate to that character's motive. Here are a few strategies that will enable you to enhance your reading experience:

1. **Think out loud as you read.** As you react to a text express your feelings and doubts out loud.

2. **Identify key words.** Look for words that explain the main idea and help support your interpretation.

3. **Make deductions.** Authors don't always tell you everything, so use your prior knowledge to help find meaning.

4. **Draw to interpret meaning.** Creating a visual representation of the text may help you to uncover its symbolic meaning.

5. **Share your impressions.** Discuss your reactions to the text and listen to what others have to say.

6. **Reformulate the text.** Retell the story using a different textual format. Turn a poem into a story or a story into a play.

Use these strategies to increase your understanding of the varied texts in **¡Lee conmigo!** They will help you to develop confidence in your own interpretation of the works.

Table of Contents

Capítulo 1

Capítulo 2

Capítulo 3

Capítulo 5

Capítulo 4

Capítulo 6

Capítulo 7

Capítulo 8

Capítulo 9

Capítulo 10

Capítulo 11

Capítulo 12

¿Solo así he de irme?
¿Como las flores, que perecieron?
¿Nada quedará en mi nombre?
¿Nada de mi fama aquí en la tierra?

¡Al menos flores,
al menos cantos!

Cantos de Huexotzingo

Capítulo

1 *Antes de leer*
¡Conéctate!

Estrategia

Las predicciones Para ser un buen lector, es importante hacer predicciones, o sea, tratar de adivinar[1] lo que va a pasar en una lectura. El lector hace esas predicciones combinando lo que dice[2] el texto, su conocimiento previo y su propia experiencia. A medida que se lee[3] las predicciones pueden cambiar; por eso, al final de la lectura, es interesante comparar las predicciones que se hicieron con lo que realmente pasó en la historia.

Actividades

 A **En tu opinión** Lee las siguientes declaraciones de los personajes del cuento **«¡Conéctate!».** Luego, escoge la predicción más lógica para cada declaración.

Declaraciones

1. «Algunos días despierto triste. Pero hoy, el primer día de mi segundo año en Benito Juárez High School, desperté verdaderamente desesperada».

2. «¡Pero, mamá! ¡Todos mis amigos tienen celulares!»

3. «Hay planes de familia. Sólo $39.99 por cuatro celulares con el mismo número».

4. «Clase, no quiero ver celulares en este salón. ¿Me entendieron?»

5. «Ay, ¡no! Escribir notas a mano es tan anticuado, ¿no crees?»

6. «Sí, casi prehistórico, Elisa. Imagínate... tener que hablar con la gente *cara a cara.* Inconcebible, de veras».

Predicciones

a. A este personaje no le interesa tener un celular.

b. Este personaje no va a pasarla bien[4] el primer día de colegio.

c. La mamá de este personaje le va a decir que no puede comprar un celular porque son muy caros.

d. El profesor va a confiscar el celular de un estudiante.

e. Este personaje va a tener que comunicarse por medio de[5] notas escritas.

f. Este personaje va a conseguir[6] un teléfono celular.

 B **Tu predicción**
Ahora, haz una predicción sobre el tema de este cuento.

. . . .
1 to guess   **2** what is said   **3** As you continue reading   **4** is not going to have a good time   **5** by means of
6 to get

Mientras lees

¡Conéctate!
por Sylvia Madrigal Velasco

Sobre la autora

Sylvia Madrigal Velasco nació en San Benito, Texas en 1958. La más pequeña de cuatro hermanos, se crió[1] con su familia en el valle del Río Grande en medio de dos culturas y de dos idiomas. Aprendió el español, el ballet folklórico y otras tradiciones mexicanas en casa y con cada viaje que hacía a México para visitar a sus familiares. Desde entonces ha viajado[2] por muchos países de habla hispana, pues siempre le ha fascinado[3] el español. Se graduó de la universidad de Yale en 1979 y lleva veinte años trabajando en diferentes editoriales como editora y escritora de libros de texto en español. Ha producido[4] materiales bilingües, guiones de video, cuadernos de práctica, CD-ROMs y libros de lectura. Es la escritora de *¡Lee conmigo! 1,* el libro de lectura para el primer nivel de *¡Ven conmigo!* y *¡Lee conmigo! 2,* el libro que estás leyendo en este momento.

A. ¿Qué día es para la narradora?

B. ¿Cómo se siente ella?

C. ¿Cuál fue el tema de la conversación que ella tuvo con su madre el día anterior?

D. ¿Cómo se llama la narradora y qué quiere tener? ¿Por qué?

Algunos días despierto alegre. Algunos días despierto triste. Pero hoy, el primer día de mi segundo año en Benito Juárez High School, desperté verdaderamente desesperada.

La conversación con mi madre el día anterior ocurrió más o menos así:

—¡Pero, mamá! ¡Todos mis amigos tienen celular!

—¿Siempre haces lo que hacen tus amigos? Si todos tus amigos se pintaran el pelo de morado[5], ¿lo harías tú también?[6] Por favor, Jessica, ¡sé original!

—Mamá, en caso de emergencia…

1 she grew up   **2** she has traveled   **3** she has always loved   **4** She has produced
5 would dye their hair purple   **6** would you do it too?

—Hija, en caso de emergencia, ¡usa el celular del amigo más cercano!

—Pero mamá. Soy periodista. Para mí, la comunicación instantánea es imprescindible[1].

—Hija, tú has vivido, todos hemos vivido[2], muchos, muchos años sin celulares. No sé por qué de repente[3] es una necesidad.

—Ay, mamá. ¡Conéctate al siglo veintiuno!

Fue un error decir eso. Lo supe[4] el instante en que lo dije.

—Yo estoy muy conectada al presente. A diferencia de ti. Esta noche no tienes acceso a Internet. ¿Entendido?

—¡Mamá! ¡No es justo! Sólo quiero un celular.

—¡Hija! ¡Todo cuesta! Prefiero usar el dinero para cosas más importantes. Como los fondos que estamos juntando[5] para tu educación universitaria...

—Hay planes de familia. Sólo $39.99 por cuatro celulares con el mismo número. Puedes recibir y mandar e-mails y...

—Hija, por favor, pareces un anuncio. Esta conversación se ha terminado[6].

Con eso cerró la puerta de mi cuarto y abrió la puerta de mis pesadillas[7]. En la primera pesadilla, llego al colegio y cada persona con quien me encuentro tiene en la mano un celular. De todos los colores, de todas las marcas, con auriculares[8], sin auriculares, con melodías distintas al sonar, de todos los tamaños: pequeñitos, medianos, grandotes; cada uno de ellos se abre y se cierra con facilidad. Noto que todos se están llamando para decirse algo importante, algo que yo no sé, algo que yo también necesito

E. ¿Qué razones le da la madre a Jessica para no comprarle el celular?

F. ¿Qué le pasa a Jessica en su pesadilla?

. . . .
1 essential   **2** you have lived, we all have lived   **3** all of a sudden   **4** I knew it
5 that we are saving   **6** is over   **7** nightmares   **8** headsets

y quiero saber. De repente noto que todo el mundo está apuntando hacia[1] mí: empiezan a reírse a carcajadas. Busco desesperadamente[2] mi celular en mi bolsa para llamar a mi mejor amiga Elisa, pero me acuerdo[3], horrorizada, que no tengo uno.

El tema de todas las pesadillas es más o menos igual. Yo soy la única[4] que no tiene celular. Todo el mundo se burla[5] de mí. Llego a la conclusión escalofriante[6] que no estoy conectada, que no pertenezco[7] al grupo envidiable que reside en el mero centro de la onda[8]. No despierto alegre. No despierto triste. Despierto desesperada.

Pero no tengo otro remedio que empezar la rutina diaria que me llevará[9] por fin al escenario de mis pesadillas: el colegio. Me levanto, me ducho, me visto, me pongo los zapatos, bajo a desayunar, como muy poco y en pleno silencio. Mis padres, los seres humanos que deberían conocerme[10] mejor que nadie, ni siquiera[11] registran mi desconsuelo[12].

—Hija, que la pases bien.

—Sí, hija, ¡suerte! Nos vemos más tarde.

En la parada del autobús, noto de inmediato que varios de mis compañeros hablan animadamente por sus celulares. Seguro están planeando encontrarse con sus mejores amigos que vienen felices en otros autobuses desde otras partes de la ciudad estrenando[13]

G. ¿Qué hace Jessica antes de salir para el colegio?

H. ¿Se dan cuenta los padres de Jessica de su desconsuelo?

1 pointing towards **2** frantically **3** I remember **4** the only one **5** makes fun
6 spine chilling **7** I don't belong **8** in the know **9** will take me **10** who should know me **11** don't even **12** despair **13** trying out

sus celulares. Me imagino las calles de la ciudad llenas de autobuses, a su vez[1], llenos de estudiantes, todos conectados a una red de comunicación fuera de mi alcance[2], una red invisible de felicidad y popularidad.

—¡Hola, Elisa!

—Hola, Jessica. Espera. Tengo que hacer una llamada antes de que empiece la clase[3].

Elisa empieza a marcar[4] un número en su celular cuando entra el profesor de español.

—Buenos días, profesor Álvarez.

—Buenos días, Jessica.

El profesor Álvarez le quita[5] el teléfono a Elisa, lo cierra y lo pone en su escritorio. La cara de horror de Elisa es para fotografiar.

Mientras lees

I. Según Jessica, ¿por qué es importante tener un celular?

J. ¿Qué hace Elisa antes de empezar la clase de español?

K. ¿Qué hace el profesor Álvarez?

—Clase, no quiero ver celulares en este salón. ¿Me entendieron? Si suena uno durante la clase, lo voy a confiscar inmediatamente y no se lo devuelvo[6] a su dueño hasta la Navidad. Hablo en serio. Y no quiero verlos enviándose[7] *e-mails* a través de sus celulares. Cada infracción trae consigo[8] tarea extra y una nota de D para ese día de clase. En fin...

Al mediodía, Elisa, Efraín y yo nos juntamos[9] en la mesa de la cafetería donde se reúnen los editores del periódico estudiantil *El Canario* para planear los artículos de la siguiente edición.

L. ¿Qué les dice el profesor Álvarez a sus estudiantes?

1 in turn **2** out of my reach **3** before class begins **4** to dial **5** takes away
6 I will not return it **7** sending **8** brings with it **9** get together

M. ¿Qué piensa Elisa de los celulares? ¿Qué piensa Efraín?

—¡Qué horror! No sé que voy a hacer sin mi celular.

—¿Cómo te comunicabas[1] antes, cuando no tenías celular?

—A ver, escribía[2] notas o simplemente buscaba a la persona en el *campus,* después de clases.

—Pues, aquí tienes un bolígrafo.

—Ay, ¡no! Escribir notas a mano es tan anticuado, ¿no crees?

—Sí, casi prehistórico, Elisa. Imagínate. Tener que escribir a mano. O, peor, tener que hablar con la gente *cara a cara.* Inconcebible, de veras[3].

Efraín no pudo contener su risa. Él y Elisa continuaron su debate sobre la importancia de la comunicación inmediata y el papel de la tecnología en la vida del estudiante mientras yo me inventaba métodos de conseguir un celular. Dinero. Necesito dinero.

N. ¿Qué encuentra Jessica en su libro de español?

Cayó una nota de mi libro de español al suelo. La recogí[4] y la abrí sin que se dieran cuenta[5] Elisa y Efraín. En una letra muy elegante, decía:

Querida J:

En el cuento «El lío de mis pantalones» de Braulio Llamero encontrarás[6] la solución a tu dilema.

Sinceramente,

El_Poetaman

---

1 How did you communicate. . . ? **2** I used to write **3** really **4** I picked it up
5 without their realizing **6** you will find

Después de leer
Actividades

¿Cierto o falso?

Decide si las siguientes oraciones son **ciertas** o **falsas.** Corrígelas si son falsas.

1. Jessica quiere comprar una computadora.
2. La madre de Jessica cree que el celular es una necesidad.
3. La noche antes del primer día del colegio, Jessica tiene una pesadilla.
4. En los sueños de Jessica, ella es la única que no tiene celular.
5. El profesor Álvarez permite el uso de celulares en su clase.
6. Alguien deja[1] una nota en el libro de español de Jessica.

¿Quién es?

Lee las siguientes declaraciones. Piensa en las actitudes de los personajes en el cuento. ¿Puedes adivinar quién es el personaje que hace cada declaración?

1. «Es importante ahorrar[2] dinero para la universidad».
2. «¡Aquí vienen a estudiar, no a charlar[3] por celular!»
3. «¿Cómo voy a juntar[4] suficiente dinero para comprarme un celular?»
4. «Es mejor hablar cara a cara que por celular».
5. «¡Para estar en la onda se necesita tener un celular!»
6. «No me gusta escribir notas. Prefiero hablar con mis amigos por teléfono».

¿Cómo son?

En un párrafo corto haz una descripción de los personajes principales del cuento: Jessica, Efraín y Elisa. Puedes describirlos desde tu punto de vista[5] o desde el punto de vista del personaje. Ten en cuenta sus características físicas, su personalidad, sus pasatiempos y las cosas que más les gusta y les choca hacer[6]. Si quieres, puedes usar detalles de tu propia[7] invención.

---

1 Someone leaves   **2** to save   **3** to chat   **4** to get together   **5** point of view   **6** they dislike doing   **7** your own

Un poco más...

1 ¡Un invento de tu creación!

Cada día las compañías introducen al mercado productos electrónicos nuevos, con características y usos que jamás habíamos imaginado[1]. En grupos de tres o cuatro, inventen un producto electrónico que tenga[2] características y usos importantes para el estudiante de hoy. ¡Sean creativos!

- ¿Qué clase de producto es?
- ¿Qué características especiales tiene?
- ¿Para qué se usa?
- ¿Cuánto cuesta?
- ¿Cómo mejora[3] la vida del estudiante?
- ¿...?

Ahora, hagan un dibujo del producto y escriban un anuncio[4] para venderlo. Pongan todos los anuncios en una cartelera[5] similar a ésta, al frente de la clase.

Lo nuevo en productos electrónicos

¡Móvil por sólo $23 al mes! Para estar en la onda...

Agenda electrónica
Tu información al instante.
¡La mejor!

Lo último en computadoras por sólo $1.500
Portátil, eficiente y económica

2 Debate

Hagan un debate en clase sobre los diferentes productos de la Actividad 1. Tengan en cuenta[6] las características, los usos, el costo y las ventajas[7] de cada producto y luego decidan cuál es el mejor producto de todos.

Nota cultural

¿Sabías que...? El teléfono celular es tan común en Latinoamérica y España como en los Estados Unidos. En Latinoamérica, al referirse al teléfono celular, es común omitir la palabra **teléfono** y decir **celular** nada más. En España la gente se refiere al celular, no como **celular**, sino como **móvil**. Por ejemplo, es común oír **¿Dónde está mi móvil?** ¿Sabes qué quiere decir la palabra **móvil**? ¿Por qué es lógico que los españoles usen[8] esta palabra para referirse a su teléfono celular?

....

1 that we had never imagined   **2** that has   **3** How does it improve. . . ?   **4** advertisement   **5** bulletin board
6 take into account   **7** advantages   **8** that (they) use

2 Antes de leer
el lío de mis pantalones

Estrategia

El pasaje probable En esta estrategia, el lector estudia una serie de palabras o frases tomadas de una lectura y las organiza en diferentes categorías, según la función que tienen en el texto: personajes, ambiente[1], conflicto, resolución, etc. Después, teniendo en cuenta[2] esa función, el lector completa el pasaje probable con las palabras más adecuadas. Con esta estrategia se motiva al lector a hacer predicciones y a usar su conocimiento previo sobre el tema.

Actividades

 A **Organiza y completa**

Estudia el significado de las siguientes palabras y frases. Luego, usando tu conocimiento previo, organízalas en las siguientes categorías: Personajes, Ambiente, Conflicto y Resolución. Después, completa el pasaje probable con las palabras o frases más adecuadas. Esta actividad te va a ayudar a entender lo que pasa[3] en la lectura «**El lío de mis pantalones**».

| se van a burlar[4] | tres pares[5] | pesadilla[6] | una tienda | vergüenza[7] | mamá |

| nadie se fija[8] | carísimos | Miguelín | le quedan[9] | de marca[10] |

El día antes de empezar el colegio, ___1___ y su ___2___ van de compras. Él quiere unos pantalones que le gustan mucho, pero su mamá dice que son ___3___ y lo lleva a ___4___ donde venden pantalones vaqueros que son muy baratos. A Miguelín no le gustan esos vaqueros porque no son ___5___. Su mamá dice que ___6___ bien y le compra ___7___. Miguelín tiene ___8___ de ponerse esos vaqueros el primer día de colegio porque cree que sus amigos ___9___ de él. Está tan ansioso que esa noche tiene una ___10___. Su mamá trata de tranquilizarlo; le dice que en realidad ___11___ en las marcas. Al final del cuento, Miguelín se encuentra con sus amigos en la puerta del colegio y los cuatro se llevan una gran sorpresa.

1 setting   **2** taking into account   **3** what happens   **4** will make fun   **5** three pairs   **6** nightmare   **7** shame
8 no one notices   **9** fit him   **10** brandname

B **El pasado** You have learned that the **preterite** tense is used to refer to actions that were completed at specific times in the past, and to describe how a person felt about a particular event. In the stories that follow, you will see another verb conjugation for the past tense in Spanish: the **imperfect.** For now, just remember that when you see the endings for this tense, what is being described is in the past: what things were like, what used to happen or was going on, and the way people felt in general.

Imperfecto					
hablar		**comer**		**vivir**	
singular	**plural**	**singular**	**plural**	**singular**	**plural**
hablaba	hablábamos	comía	comíamos	vivía	vivíamos
hablabas	hablabais	comías	comíais	vivías	vivíais
hablaba	hablaban	comía	comían	vivía	vivían

Look at the following paragraph from the story. Can you translate the boldfaced words? In the chart that follows, first write the infinitive in Spanish and the corresponding infinitive in English. Then write the meaning of the past tense form in English.

Pasé una noche horrible, terrible, tenebrosa, fatal e interminable. En cuanto **cerraba** los ojos, **tenía** una pesadilla. **Soñaba** que **llegaba** al colegio y que todos **vestían** los preciosos y duros pantalones *Wayne*. Y al verme a mí, con mis pantalones feos y blandengues, se **mataban** de risa.

Imperfecto	Infinitivo en español	Infinitivo en inglés	Significado en inglés
cerraba	cerrar	to close	closed
tenía			
soñaba			
llegaba			
vestían			
mataban			

El lío de mis pantalones
por Braulio Llamero

Sobre el autor

Braulio Llamero nació en Manzanal del Barco, Zamora, España, el 22 de junio de 1956. Sus padres, que eran campesinos[1], emigraron a Alemania[2] y él, después de vivir un tiempo con unos familiares[3] e ir a un internado[4], fue a Alemania a vivir con ellos. Desde niño quiso ser escritor y por eso estudió Periodismo. Ha sido[5] corresponsal, redactor y locutor de radio y televisión. Ha escrito[6] columnas para varios periódicos, obras teatrales y guiones para documentales, pero lo que más le gusta es escribir cuentos para niños y jóvenes. Ha recibido[7] diferentes premios, entre otros, el premio Fuentedorada al mejor libro de literatura infantil por su cuento «El fantasma Pupas».

Nunca debimos pararnos ante aquel escaparate[8]. Y nunca debió mi madre preguntar que si me gustaba alguno de aquellos pantalones vaqueros. A ella se le puso cara de terror cuando le dije que sí y le señalé el que más[9].

—¿Ése?

—Sí.

—Pero, hijo, ¿no ves lo que cuesta?

—¿Es caro?

—¡Carísimo! Por ese precio, sé dónde podemos comprar cuatro vaqueros. Y bien buenos y bonitos.

—¡Pero no serán *Wayne*!

—¿Y eso qué es?

—La marca. Parece mentira que no lo sepas[10]. Sale en la tele todos los días. Son los mejores vaqueros que hay. Y no se rompen nunca[11]. En la tele los golpean[12] contra el suelo, les pasa un camión por encima, los tiran[13] por un precipicio… Y, nada, no les pasa nada. Están siempre como nuevos. Es lo mejor de lo mejor, mamá.

. . . .

1 peasants **2** Germany **3** relatives **4** boarding school **5** He has been **6** He has written **7** He has received **8** shop window **9** the one I liked the most **10** that you don't know it **11** they never tear **12** they bang them **13** they throw them

A. ¿Dónde están el narrador y su mamá al principio del cuento?

B. ¿Qué están haciendo?

C. ¿Por qué no quiere comprar la madre los vaqueros *Wayne*?

D. ¿Por qué quiere el narrador los pantalones de marca *Wayne*?

Capítulo 2   **11**

Mientras lees

E. ¿Adónde van después?

F. ¿Qué encuentran allí?

G. Al probarse los pantalones, ¿cómo dice el narrador que le quedan? ¿y su mamá?

H. ¿Qué le compra al fin su mamá?

I. ¿Va a ponerse el narrador los pantalones nuevos el primer día de colegio? ¿Por qué?

Nada. No la convencí. Dijo no sé qué de crisis, y de ahorro, y de los rollos[1] esos que siempre dicen los mayores para no comprar lo que queremos. Me agarró[2] de un brazo y me obligó a ir con ella a una tienda feísima. Tenían vaqueros en oferta. Por 999 pesetas daban uno. Por 1.999, tres.

Miré a mi madre horrorizado:

—¿No estarás pensando en comprarme *ésos?*

—¿Qué tienen de malo estos pantalones, si puede saberse?

—¡No son de marca conocida! ¡Saldrán[3] malísimos!

—Y tú no eres más que un mocoso presumido[4]. Ya veremos si salen buenos o malos.

—Me los hizo probar[5]. Yo estaba rojo de vergüenza. ¡Mira que si pasaba algún amigo y me pillaba[6] con *aquello!*

—¿Te quedan bien?

—¡¡No!!

—No seas mentiroso[7]. Te están perfectamente. Nos llevaremos tres, para aprovechar la oferta[8].

—¡No me los pondré[9] jamás!— chillé[10], hecho una furia.

—Pues irás desnudo por la calle.

A partir de aquel momento anduve de un humor de perros. Me ponía malo pensar en el día siguiente. Porque para colmo[11] mi madre ¡que es ASÍÍÍ... de cabezona!, se había empeñado[12] en que al día siguiente tenía que ir al cole con los pantalones nuevos. Le respondí que no, y que no, y que no. Pero, por desgracia, bien sabía yo quién se salía siempre con la suya[13].

1 boring lectures   **2** She grabbed me   **3** They will turn out to be   **4** conceited brat
5 She made me try them on   **6** caught me   **7** Don't be a liar   **8** to take advantage of
the sale   **9** I will not wear them. . .!   **10** I cried   **11** to cap it all   **12** was determined
13 always got her way

12   Capítulo 2

Pasé una noche horrible, terrible, tenebrosa,[1] fatal e interminable.

En cuanto cerraba los ojos, tenía una pesadilla. Soñaba[2] que llegaba al colegio y que todos vestían los preciosos y duros pantalones *Wayne*. Y al verme a mí, con mis pantalones feos y blandengues[3], se mataban de risa:

—¡No tiene *Wayne*, no tiene *Wayne*!

—¡Qué paleto[4]! ¡Vaya pantalones...!

—¡Uuuuhhhh...! ¡Qué feo está Miguelín!

Y así todos.

En otro sueño, me quitaban[5] los pantalones y les hacían lo que a los *Wayne* en los anuncios. O sea, los golpeaban contra el suelo: y se rompían en pedazos. Los tiraban bajo las ruedas de un camión: y quedaban hechos un trapo inservible[6]; los lanzaban por un precipicio: y se deshacían[7] en el aire como polvo.

—¿Ves? Tus pantalones no valen un pimiento.

Se reían. Todos. Y yo, sin pantalones y muerto de vergüenza, sólo deseaba que hubiera un terremoto[8] para que la tierra me tragara[9].

Por la mañana, aún hice un último intento para salvarme del desastre.

—Por favor, mamá, deja que me ponga[10] otros pantalones.

—¿Por qué?

—En el colegio se burlarán de mí...

—¿Por qué?

—¡¡No son de marca conocida[11]!! ¿Es que no te das cuenta[12]? —le dije con desesperación.

—Eso es una solemne tontería. Los chicos de hoy sois inaguantables[13] con las marcas. ¿Quién se va a fijar[14] en eso? Nadie...

Mientras lees

J. ¿Qué sueña el narrador esa noche?

K. ¿Cómo se llama el narrador?

L. ¿Qué le pide Miguelín a su mamá para salvarse del desastre?

M. ¿Qué explicación le da Miguelín a su mamá? ¿Qué le responde ella?

1 gloomy **2** I dreamed **3** wimpish **4** What a loser! **5** they would take off
6 a useless rag **7** they would dissolve **8** there would be an earthquake **9** so that
the earth would swallow me **10** let me wear **11** known **12** Can't you see?
13 unbearable **14** Who is going to notice. . .?

Mientras lees

N. ¿Cómo se siente Miguelín cuando va para el colegio?

O. ¿Con quién se encuentra Miguelín en la puerta del colegio?

P. ¿Por qué se miran todos con sorpresa?

Q. ¿Cómo reaccionan los amigos al ver que todos llevan puestos los mismos pantalones?

R. ¿Es un final feliz para Miguelín? Explica.

Estaba claro, no había salvación. Era inútil pelear. El destino quería que hiciera el ridículo[1], y lo haría[2].

Arrastraba[3] los pies camino del colegio, para retrasar un poco lo inevitable. Abrigaba la esperanza[4] de llegar con la clase ya empezada. Así no le daría tiempo a nadie[5] a fijarse en mi pantalón.

Pero los días negros son negros hasta el final. Cerca de la puerta del colegio me encontré[6] con Rubén, con Rebeca y con Blas. Eran[7] de mi clase. También ellos, por lo visto, habían ido arrastrando un poco los pies. Y también tenían cara de sueño y de bastante malhumor.

Nos miramos con sorpresa. Y entonces, los cuatro a la vez, nos fijamos en que todos estrenábamos[8] pantalones vaqueros.

—¿Son *Wayne*? —me preguntó Rebeca, un poco colorada[9].

—No. ¿Y los tuyos?

—Tampoco. Son de unos malísimos y muy baratos que mi madre...

—¡Los míos igual!

—¡Y los míos!

Todos eran de la marca mala y de los de «tres por 1.999 pesetas». Sólo que, de pronto y no sé por qué, se nos marchó el enfado[10] y nos dieron ganas de reír[11]. Y entramos muertos de risa en el colegio. Y los demás, al vernos tan contentos, ni siquiera se fijaron en la marca de los pantalones.

¡Menos mal!

1 that I make a fool of myself   2 I would do it   3 I was dragging   4 I still had hope
5 no one would have time   6 I met up with   7 They were   8 we were wearing (for the first time)   9 a bit flushed   10 anger   11 we felt like laughing

Después de leer
Actividades

 El pasaje probable

Vuelve a leer[1] tus respuestas para la actividad en la sección **Antes de leer**.
¿Completaste el pasaje probable correctamente? Revísalo y si es necesario
vuelve a escribir el pasaje con las palabras y frases que corresponden según
el texto.

2 ¿Cómo se siente él?

¿Te puedes imaginar cómo se siente Miguelín durante diferentes momentos
de su narrativa? Usa expresiones del cuento o el vocabulario que sigue para
describir sus sentimientos en los momentos indicados.

enfermo/a   preocupado/a   aburrido/a   ocupado/a

contento/a   cansado/a   enfadado/a   triste

1. cuando él y su mamá están en frente del escaparate donde exhiben
   los vaqueros *Wayne*
2. cuando él y su mamá están en la tienda feísima donde venden
   los vaqueros en oferta
3. cuando su mamá le hace probarse los vaqueros baratos
4. cuando su mamá le compra los vaqueros baratos
5. cuando se despierta[2] después de sus pesadillas
6. por la mañana cuando se pone[3] los vaqueros baratos
7. cuando va camino[4] al colegio
8. al darse cuenta[5] que sus amigos llevan puestos[6] los mismos
   vaqueros feos

· ·

1 Reread **2** he wakes up **3** he puts on **4** on his way **5** when he realizes **6** are wearing

3 La historia de Miguelín

Completa las siguientes oraciones con la forma correcta del pretérito del verbo entre paréntesis. Luego, pon las oraciones en orden cronológico, según el cuento.

1. Rubén, Rebeca y Blas _____ al colegio de mal humor. *(llegar)*
2. Miguelín _____ a su madre horrorizado. *(mirar)*
3. La madre de Miguelín le _____ los vaqueros en oferta. *(comprar)*
4. Miguelín y su madre _____ en frente del escaparate. *(hablar)*
5. Miguelín _____ una noche horrible. *(pasar)*
6. Todo _____ bien. *(terminar)*
7. Miguelín y su madre _____ a una tienda feísima. *(ir)*
8. Las mamás de Rubén, Rebeca y Blas también les _____ los vaqueros baratos. *(comprar)*
9. Miguelín y su madre _____ a discutir. *(empezar)*
10. Miguelín _____ con sus amigos en la puerta del colegio. *(encontrarse[1])*

4 Una conversación imaginaria

Imagínate que Miguelín tiene un hermano mayor. Completa su conversación con la forma correcta de los verbos **querer** o **poder** en el tiempo presente.

MIGUELÍN: ¡__1__ unos vaqueros *Wayne*!

HERMANO: ¿Qué __2__ que yo haga[2]?

MIGUELÍN: ¿ __3__ ir a la tienda conmigo?

HERMANO: ¿__4__ ir a la tienda donde venden los vaqueros *Wayne*? ¿Para qué?

MIGUELÍN: ¡Sí! __5__ comprar los vaqueros *Wayne* con mis ahorros[3].

HERMANO: Tú y yo no __6__ ir sin permiso[4].

MIGUELÍN: ¿Qué __7__ hacer entonces? ¡Nuestros padres nunca nos dan lo que __8__!

HERMANO: Perdóname, hermanito, pero ¡no __9__ ayudarte!

....

1 to meet up with   **2** for me to do   **3** savings   **4** without permission

5 ¡Mi pesadilla!

¿Hay algo en tu vida, un objeto, un artículo de ropa, o cualquier otra cosa, que quieres pero que tus padres no te permiten comprar? ¿Qué es? ¿Qué razones[1] te dan tus padres para no comprártelo? Describe tu situación en un párrafo. Puedes incluir conversaciones con tus padres para demostrar el conflicto entre[2] lo que tú quieres y lo que quieren tus padres.

6 El_Poeta.man

Contesta las siguientes preguntas con todo el detalle posible.

1. ¿Hay elementos en común entre la narradora del cuento «**¡Conéctate!**» y el narrador del cuento «**El lío de mis pantalones**»? ¿Cuáles son?

2. ¿Cómo reacciona Jessica cuando se da cuenta[3] que su mamá no le va a comprar el celular? ¿Cómo reacciona Miguelín cuando se da cuenta que su mamá no le va a comprar los pantalones *Wayne?* ¿En qué se parecen[4] o se diferencian sus reacciones?

3. A los dos narradores, ¿qué les importa más, el objeto que quieren o la reacción de sus amigos?

4. El_Poeta.man le sugiere a Jessica que lea[5] el cuento «**El lío de mis pantalones**». ¿Qué moraleja[6] crees que El_poeta.man ve en el cuento?

    a. No es bueno estar de mal humor.

    b. Es importante hacer lo que dicen los padres de uno.

    c. Los objetos no traen la popularidad.

    d. Los padres saben[7] más que los hijos.

. . . .

1 reasons **2** between **3** she realizes **4** How are (their reactions) alike. . . ? **5** that she read
6 moral **7** know

Un poco más...

1 Expresiones idiomáticas

Todos los idiomas[1] tienen expresiones que se usan en el habla común[2]. Estas expresiones muchas veces usan conceptos originales para expresar algo con más énfasis de lo normal. Algunos ejemplos en inglés serían[3]: *to hit the roof, to be in stitches* y *once in a blue moon.*

En el cuento **«El lío de mis pantalones»,** el autor usa varias expresiones idiomáticas. Trata de escoger el significado correcto para cada expresión. Recuerda que las expresiones no se pueden traducir literalmente[4], así que piensa en el sentido[5] o el tono detrás[6] de las palabras.

Expresiones
1. hecho una furia
2. rojo de vergüenza
3. de un humor de perros
4. no valen un pimiento
5. muerto de vergüenza
6. que hubiera un terremoto para que la tierra me tragara
7. que hiciera el ridículo
8. los días negros

Significados
a. in a bad mood
b. wanting to hide your head in the sand
c. extremely furious
d. not worth a penny
e. dark days
f. blushing from embarrassment
g. dying of shame
h. to play the fool

2 ¡Estoy hecho una furia!

Ahora escoge una de las expresiones del cuento y úsala en un párrafo. Explica por qué te sientes de esa manera[7].

. . . .

1 languages **2** informal speech **3** would be **4** can't be translated literally **5** meaning **6** behind
7 that way

Capítulo

3 *Antes de leer*

Al fin y al cabo

Estrategia

Guía de anticipación Otra estrategia de lectura importante es la guía de anticipación. Ésta consiste en una serie de generalizaciones basadas en los temas de una lectura. El lector da su opinión sobre las generalizaciones y hace predicciones sobre el contenido[1] de la lectura. Al final, el lector examina sus opiniones para ver si éstas han cambiado[2] y comprueba[3] si sus predicciones fueron acertadas[4].

Actividades

A **¿Estás de acuerdo?**

La guía de anticipación a continuación contiene una serie de generalizaciones tomadas del cuento «**Al fin y al cabo**». ¿Estás o no estás de acuerdo[5] con estas generalizaciones? Defiende tu punto de vista. ¡Recuerda que no hay respuestas incorrectas en esta actividad! Lo que importa[6] es tu opinión.

Antes de leer	Generalizaciones	Después de leer	
De acuerdo Sí/No		**De acuerdo Sí/No**	
_____ / _____	1. La tecnología siempre mejora[7] la vida de la gente.	_____ / _____	
_____ / _____	2. Es posible abusar de la tecnología.	_____ / _____	
_____ / _____	3. El teléfono celular es una necesidad para el estudiante.	_____ / _____	
_____ / _____	4. El celular es un símbolo de prestigio para el estudiante.	_____ / _____	
_____ / _____	5. Las posesiones del estudiante determinan su popularidad.	_____ / _____	

B Con base en las generalizaciones que acabas de leer, ¿de qué crees que se trata el cuento «**Al fin y al cabo**»?

- -

1 content **2** if these have changed **3** checks **4** were right **5** in agreement **6** What matters
7 improves

Al fin y al cabo

Tengo que admitir que «**El lío de mis pantalones**» me hizo reír. Pero, ¿resolver mi problema, o solucionar mi dilema? No, ¡ni hablar! Miguelín, el chico del cuento, al fin y al cabo[1] no consiguió los vaqueros *Wayne*. No salió con[2] un plan para obtener el dinero que necesitaba para comprárselos sin la ayuda de su mamá. Lo único que hizo[3] fue consolarse en la mutua desdicha[4] de sus compañeros.

No, ese final así no más, a mí, no me cuadra[5]. Primero, porque todos mis compañeros tienen celulares excepto Efraín, a quien sólo le importan el fútbol e Internet. Y ahora que lo pienso, menos Elisa también, ya que su celular reside en el escritorio del profesor Álvarez hasta diciembre.

A. ¿Qué piensa Jessica del cuento «**El lío de mis pantalones**»?

—¿A poco crees que la vida como la conoces deja de existir sin tu celular? Ay, Elisa, por favor, te lo ruego[6], ¡dime que tienes más entre[7] las orejas que espaguetis mal cocidos[8]!

—Efraín Pedro Montoya, ¿cómo me puedes hablar así? Es que no entiendes. Nosotras siempre tenemos que estar al tanto[9]. La información de último momento es muy valiosa[10]. Puede cambiar todo.

B. ¿Quiénes están en medio de una discusión animada?

C. ¿Cuál es el tema de la discusión?

. . . .

1 when all is said and done   **2** didn't come up with   **3** The only thing he did
4 unhappiness   **5** doesn't work for me   **6** I beg you   **7** between   **8** badly cooked
spaghetti   **9** up-to-date   **10** valuable

—Dame un ejemplo.

—Pues mira, si estoy a punto de[1] preguntarle a un chico si quiere salir a tomar un refresco conmigo, y suena el celular, y es Mireya, informándome que acaba de ver a ese mismo chico de la mano[2] con otra chica; ¡esa llamada me ha ahorrado[3] la humillación del inevitable rechazo[4]! ¿Eso no te parece importante?

—Ay, sí. El celular como instrumento del chisme[5]. Muy valioso. ¿Cómo sabes que ese chico no te prefiere a ti? ¿O que Mireya no se equivocó[6] y en realidad vio a otro chico? Una sóla llamada y pierdes la oportunidad de salir con el hombre de tus sueños.

—Anda, Jessica, di algo, por favor, defiéndeme.

No sé por qué yo siempre tengo que ser la intermediaria en los interminables debates legales entre estos dos, mis supuestos[7] mejores amigos. Estoy harta[8] de mi papel de jueza[9], pero de nuevo me encuentro precisamente en esa situación.

—¿Qué sé yo? ¿Cómo puedo saber el valor[10] de algo que no tengo?

—Noto un poco de amargura[11]en tu respuesta, amiga mía. ¿Qué pasó? ¿Te dijo tu madre que no?

—Ah, no. No me enreden[12] en su guerra de palabras. No tiene nada que ver conmigo.

1 about to **2** holding hands **3** has saved me from **4** rejection **5** gossip **6** didn't make a mistake **7** so-called **8** I'm sick of **9** role as judge **10** value **11** bitterness **12** don't involve me

Mientras lees

G. ¿Qué medios de comunicación compara Elisa para explicar su punto de vista?

H. ¿Cómo defiende Efraín su uso de Internet?

I. ¿Qué hace Jessica mientras ellos discuten?

Intercambian una mirada que contiene un pacto de conspiración, sonrisas[1] abundantes, pero no en los labios, sino en los ojos. Trato de cambiar de tema.

—¿Qué vamos a hacer ahora?

—No sé. Como Elisa dice que no es la misma sin su celular, no creo que pueda[2] acompañarnos a ninguna parte.

—Efraín, qué hipócrita eres. Tú no puedes vivir sin[3] tu computadora, sin tu constante acceso a Internet. ¿Cuál es la diferencia? Los dos son medios de comunicación.

—La diferencia, Elisa, es que yo uso Internet por razones intelectuales[4], para hacer investigaciones, para informarme sobre los temas que me interesan. Tú usas el celular para chismear.

—¿Me vas a decir que nunca vas a los *chat rooms* a charlar[5]? ¿Que sólo navegas la Red para buscar la velocidad en kilómetros de la Tierra alrededor del Sol? ¡Por favor...!

Mientras discuten, mis pensamientos[6] flotan por el abismo de mi desconsuelo[7]. ¿Cómo voy a conseguir[8] un celular? Y, ¿quién, quién será El_Poeta.man?

—Tengo una idea.

—No dudo que una de muchas, Efraín.

—¿Por qué no investigamos en las charlas de Internet, donde los jóvenes expresan sus opiniones, quién tiene más razón[9], tú o yo?

. . . .

1 smiles   **2** I don't believe she will be able   **3** without   **4** for intellectual reasons
5 to chat   **6** thoughts   **7** distress   **8** to get   **9** who is right...?

—Buena idea. Vas a ver que el celular es muy importante en la vida del joven moderno.

—Importante sí, Elisa. Pero no creo que lo debas confundir[1] con tu identidad. No eres quién eres por poseer[2] un objeto electrónico...

—Uy, qué aburrido eres, Efraín. ¡Parece que estoy escuchando a mi abuelo!

—Bueno, vámonos. Un segundo más y ¡me van a dar un dolor de cabeza!

Fuimos a la casa de Efraín. Yo todavía estaba envuelta[3] en mis propios problemas mientras Elisa y Efraín seguían su discusión animada. Sin embargo[4], logré[5] leer algunas de las opiniones que encontramos en Internet:

Mientras lees

J. ¿Adónde van los chicos?

K. ¿Qué hacen allí?

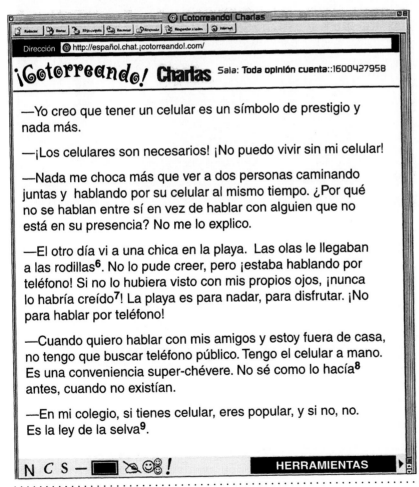

Dirección ☺ http://español.chat.¡cotorreando!.com/

¡Cotorreando! Charlas
Sala: Toda opinión cuenta::1600427958

—Yo creo que tener un celular es un símbolo de prestigio y nada más.

—¡Los celulares son necesarios! ¡No puedo vivir sin mi celular!

—Nada me choca más que ver a dos personas caminando juntas y hablando por su celular al mismo tiempo. ¿Por qué no se hablan entre sí en vez de hablar con alguien que no está en su presencia? No me lo explico.

—El otro día vi a una chica en la playa. Las olas le llegaban a las rodillas[6]. No lo pude creer, pero ¡estaba hablando por teléfono! Si no lo hubiera visto con mis propios ojos, ¡nunca lo habría creído[7]! La playa es para nadar, para disfrutar. ¡No para hablar por teléfono!

—Cuando quiero hablar con mis amigos y estoy fuera de casa, no tengo que buscar teléfono público. Tengo el celular a mano. Es una conveniencia super-chévere. No sé como lo hacía[8] antes, cuando no existían.

—En mi colegio, si tienes celular, eres popular, y si no, no. Es la ley de la selva[9].

N C S — ◼ ✎☺! **HERRAMIENTAS** ▶

---

1 I don't believe you should confuse it **2** for owning **3** involved **4** Nonetheless
5 I managed to **6** the waves were up to her knees **7** If I hadn't seen it with my own eyes, I never would have believed it! **8** I used to do it **9** law of the jungle

Mientras lees

L. ¿Qué sugiere Efraín después de leer los comentarios en Internet?

—¿Sabes qué?

—¿Qué?

—Esto tiene toda la pinta[1] de un artículo para *El Canario.* ¿No crees?

—Me tengo que ir. Es hora de cenar.

—Yo también.

—Adiós, amigas, pero piénsenlo bien. **«Celular: ¿necesidad o símbolo de prestigio?»**

Elisa y yo salimos de la casa de Efraín con las orejas tapadas[2]. Efraín podía exprimir[3] un tema hasta sacarle la vida.

M. ¿Qué encuentra Elisa en su bolsa?

—¿Qué es esto?

Elisa tiene en la mano una nota que ha sacado[4] de su bolsa. Las dos la leemos juntas:

Querida E:
Busca tu reflejo[5] en «El espejo sabio[6]» de Pilar Mateos.
Sinceramente,
El_Poetaman

---

1 all the makings   **2** covered   **3** to squeeze   **4** she has taken out   **5** reflection
6 The wise mirror

Después de leer
Actividades

1 ### Guía de anticipación

Vuelve a la primera actividad de la sección **Antes de leer** y completa la guía de anticipación. Compara las opiniones que tenías antes de leer el cuento con las opiniones que tienes ahora. ¿Han cambiado? Explica.

2 ### Opiniones en Internet

Vuelve al cuento y copia los seis comentarios que Jessica, Efraín y Elisa leen en Internet. Luego escribe tu reacción a cada uno de los comentarios. ¿Estás o no estás de acuerdo[1] con cada comentario? Si no estás de acuerdo, explica tus razones de una manera convincente[2].

3 ### ¿Qué hacer con el tiempo libre?

Ahora que no tiene teléfono celular, a Elisa le queda[3] mucho tiempo libre. Basándote en lo que ella dice que le gusta hacer, ¿qué pasatiempos le sugerirías[4]?

1. «Estoy loca por la música».

2. «Me gusta hablar con mis amigos».

3. «Me interesan las monedas extranjeras».

4. «Me gustan los juegos de mesa».

5. «Me gusta leer para divertirme y reírme».

6. «Me encantan las películas románticas».

. . . .

1 in agreement   **2** in a convincing way   **3** is left with   **4** would you suggest?

Capítulo 3   **25**

Un poco más...

1 Artículo periodístico

Imagínate que trabajas con Efraín, Jessica y Elisa como escritor(a) del periódico *El Canario*. Tu tarea es escribir un artículo titulado[1] «Celular: ¿Necesidad o símbolo de prestigio?» Antes de escribir el artículo, organiza tus ideas.

Primero, haz una lista con el título «Necesidad» y otra con el título «Símbolo de prestigio» y escribe tus propias opiniones. Luego, haz una encuesta[2] entre tus compañeros de colegio, tus familiares[3] y tus amigos para saber qué piensan ellos sobre el tema. Reúne toda la información y empieza a escribir.

gratuito

El Canario

VOL. XXI, No. 6   3 de mayo, 2003   página 1

¡Celular! ¿Necesidad o símbolo de prestigio?

Nota cultural

¿Sabías que...? «Salu2! Kdms + trde a ls 6. A2.» ¿Qué idioma es éste? Lo mismo se están preguntando los padres españoles ante el fenómeno del mensaje jeroglífico. Los adolescentes[4] envían mensajes cortos a través [5] del Servicio de Mensajes Cortos en sus teléfonos móviles. El código arriba, traducido[6] al español leería[7] así, «¡Saludos! Quedamos más tarde a las seis. Adiós». En España el 55% de los usuarios[8] de telefonía móvil tiene entre 15 y 29 años. Para estos jóvenes, lo importante es la economía y con este sistema jeroglífico, mientras menos letras y símbolos se usen, más económico resulta. Estos adolescentes están tan acostumbrados[9] a usar el dedo pulgar para marcar los números de sus mensajes, que ahora, en vez del dedo índice emplean el pulgar[10] para tocar los timbres o señalar. Por eso, ahora se les llama ¡**«la generación pulgar»**!

....

1 titled   **2** survey   **3** relatives   **4** teenagers   **5** through   **6** translated   **7** would read   **8** users
9 accustomed   **10** thumb

Capítulo

4 *Antes de leer*

El espejo sabio

Estrategia

Impresiones del texto En esta estrategia se presentan, en orden cronológico, algunas frases claves[1] de un texto. Al leer cada frase, individualmente y en conjunto[2], el lector se forma una impresión de lo que pasa en la historia antes de leerla. Estas impresiones no tienen que ser correctas. Lo importante es que ayuden al lector a familiarizarse[3] con la lectura y a hacer predicciones sobre los acontecimientos[4].

Actividad

Mi primera impresión

Vas a formarte una idea de lo que pasa en el cuento **«El espejo sabio»** antes de leerlo. Primero lee las frases y escribe tu primera impresión. Luego piensa en como se relacionan[5] éstas y en un párrafo breve haz una predicción sobre el tema del cuento.

Frases claves	Mis impresiones del cuento
1. un espejo sabio[6]	*Puede ser un espejo mágico donde se ve el futuro o el pasado.*
2. un hermano mayor, uno mediano y uno menor	
3. un futbolista, un ladrón[7] y un guitarrista	
4. uno de los hermanos se siente decepcionado[8]	
5. rumores sobre un espejo más sabio	
6. verse por dentro[9]	

---

1 key phrases **2** as a whole **3** to become familiar **4** events **5** they are related **6** a wise mirror
7 thief **8** disappointed **9** deep down inside

El espejo sabio

por Pilar Mateos

Sobre la autora

Pilar Mateos nació en Valladolid, España en 1942. Aunque hoy es reconocida[1] en España como una de las autoras más destacadas[2] de la literatura infantil, empezó su carrera haciendo otras actividades. Al principio fue guionista[3] de radio y después de cine y de televisión, pero a partir de 1980[4] se dedicó completamente a la literatura infantil. Desde entonces ha producido más de 30 obras de literatura y por ellas ha recibido numerosos premios y reconocimientos, entre otros, El Barco de Vapor en 1981, el premio Lanzarillo en 1982, y el Ala Delta en 1999.

A. ¿Qué ve el hermano mayor en el espejo? ¿Cómo se siente? ¿Cómo se siente su familia?

Para saber cómo iba a ser de mayor[5], el primero de los hermanos se miró en el espejo. Y vio a un futbolista, guapo y sonriente, firmando autógrafos en los alrededores del estadio.

—¡Qué estupendo! —exclamó loco de alegría—. Cuando se lo cuente a mis amigos, no van a creerlo.

Y toda la familia se alegró[6] con él, porque ser futbolista era lo que más anhelaba[7] el hermano mayor.

Enseguida se miró en el espejo el hermano mediano. Y vio a un joven guitarrista que conmovía con su música el corazón de la gente.

—¡Lo que yo quería! —balbuceó[8] emocionado—. ¡Ser el mejor guitarrista del mundo!

B. ¿Qué ve el hermano del medio en el espejo? ¿Cómo se siente?

1 she is recognized **2** outstanding **3** scriptwriter **4** from 1980 on **5** what he was going to be like as an adult **6** was happy **7** what he most desired **8** he stammered

Y toda la familia lo celebró con él, porque la música era lo que más le gustaba al hermano del medio.

Después le tocó el turno al hermano pequeño. Y en el espejo se reflejó un hombre pálido, de mirada huidiza[1], que se deslizaba entre las sombras[2], ocultándose como un ladrón[3].

Y toda la familia se quedó consternada, porque estaba convencida de que aquel espejo no se equivocaba jamás[4].

Lo había construido[5] el inventor cincuenta años antes. Y desde entonces, ni los niños ni las niñas de la ciudad tuvieron que molestarse[6] en planear lo que iban a ser de mayores.

—Tú, corresponsal de guerra[7] —decía el espejo—. Y tú, médico sin fronteras. El otro será un mago[8] de los ordenadores. Aquél incendiará los bosques[9] y terminará en la cárcel[10]. Y el hermano pequeño será un ladrón.

—Pues a mí no me extrañaría[11] —dijo la madre—, porque ayer lo sorprendí robándome[12] unas monedas del bolsillo de la chaqueta.

Como eso era verdad, el hermano pequeño apenas se atrevía[13] a levantar los ojos. Y el paso de los días demostró que el espejo estaba en lo cierto[14].

Mientras lees

C. ¿Qué ve el hermano menor en el espejo?¿Cómo se siente su familia?

D. ¿Quién construyó el espejo? ¿Cuándo lo construyó? ¿Cuál es el poder especial del espejo?

E. ¿Qué dice la mamá sobre su hijo menor?

---

1 elusive   **2** who was slipping away in the shadows   **3** hiding as if he were a thief
4 was never wrong   **5** [The inventor] had built it . . .   **6** had to worry   **7** war
correspondent   **8** magician   **9** he will burn forests   **10** jail   **11** it wouldn't surprise
me   **12** stealing from me   **13** he would barely dare to   **14** the mirror was right

Capítulo 4   **29**

Mientras lees

F. ¿Cómo reaccionaron los tres hijos a las predicciones del espejo?

G. ¿Qué piensa la gente del hermano menor?

H. ¿De qué oyó hablar el hermano menor?

I. ¿Qué hizo el hermano menor al oír hablar del espejo sabio?

J. ¿Qué pasó con el niño que incendiaba los bosques?

K. ¿Dónde estaba el nieto del inventor del espejo original?

L. ¿Quiénes creían en él?

El hermano mayor empezó a entrenarse tenazmente[1] en los campos de fútbol. El mediano se dedicó con toda el alma a estudiar la guitarra. ¿Y qué hacía entretanto[2] el más pequeño? Pues disponer de los patines ajenos[3] como si fueran propios[4] y estrenar las botas antes de comprarlas.

—Es un ladronzuelo —comentaba la gente—. Y lo atraparán[5] antes o después.

El hermano pequeño iba sintiéndose cada vez más triste.

Hasta que una tarde oyó hablar a unos marineros[6] del nieto del inventor y de un espejo sabio que acababa de fabricar, cien veces más fiel[7] que el de su abuelo.

El hermano pequeño se puso a buscarlo por todas partes.

—Ese nieto no existe —lo desanimaba[8] la gente—. No es más que un cuento de marineros[9].

—Pues dicen que ha construido[10] un espejo mejor que el de su abuelo. Dicen que el que incendiaba los bosques se miró en él. Y ahora es jefe de los bomberos.

Decían, también, que aquel nieto inteligente andaba navegando por los mares[11] del mundo, libre y solitario, cantando coplas de sirenas y de delfines. Pero sólo los niños y los marineros creían[12] en él.

Era tan difícil de encontrar que, si querían noticias suyas, los niños y las niñas no tenían más remedio que imaginárselo[13] arriando las velas[14] en el puerto, o afeitándose con esmero[15], frente a un espejo insignificante, la larga barba de la travesía[16] antes de saltar a tierra.

- -

1 to train tenaciously   **2** meanwhile   **3** help himself to someone else's skates   **4** as if they were his own   **5** they will catch him   **6** sailors   **7** more accurate   **8** discouraged him   **9** a tall tale   **10** he has built   **11** sailed the seas   **12** believed   **13** imagine him   **14** lowering the sails   **15** carefully   **16** long journey

Y así, tal como se lo imaginaba, se lo encontró un día el hermano pequeño, quemado por el sol, canturreando[1] una copla en la cubierta del barco[2] y limpiándose la crema de afeitar con una toalla, mientras vigilaba de reojo[3] en un espejo insignificante colgado de un clavo[4].

—Ese espejo —le indicó el pequeño, boquiabierto[5]— ¿es cien veces más sabio que el de tu abuelo?

—Y cien veces más fiel —respondió el nieto afablemente—, porque en el suyo[6] sólo te ves por fuera. Y en éste puedes ver cómo eres por dentro.

—Y yo, ¿cómo soy? —preguntó el pequeño un poco asustado.

—Mírate en el espejo y lo sabrás[7].

El hermano pequeño se puso de puntillas[8] para mirarse por dentro[9]. Y vio a un hombre honrado y contento de su suerte[10], que disfrutaba[11] del amor y de la naturaleza. Y que contribuía con su vida a mejorar el mundo.

—Ése eres tú verdaderamente —señaló el nieto del inventor.

Y ése fue, en el futuro, el más alegre de los hermanos pequeños. Ése fue él. Todo porque un día tuvo la fortuna de contemplarse a sí mismo en un espejo sabio.

O porque tuvo, quién sabe, la feliz ocurrencia[12] de imaginárselo.

Mientras lees

M. ¿Encontró el hermano menor al marinero? ¿Dónde?

N. ¿Por qué dice el nieto que su espejo es cien veces más fiel que el de su abuelo?

O. ¿Qué vio el hermano menor en el espejo sabio?

P. ¿Qué le dijo el marinero al hermano menor?

Q. ¿Por qué dice el narrador que el hermano menor fue el más alegre de todos los hermanos?

R. ¿Qué piensas tú de los espejos y de sus predicciones?

1 singing softly   **2** ship   **3** watched out of the corner of his eye   **4** hanging from a nail   **5** astonished (*lit.*, with his mouth open)   **6** his   **7** you will know it   **8** tiptoes **9** deep down inside   **10** luck   **11** who enjoyed   **12** the bright idea of

Después de leer
Actividades

1 Una serie de sucesos

Para relatar una serie de sucesos en orden cronólogico, frecuentemente se usan palabras o frases como las siguientes: **para empezar, primero, a continuación, después, luego, por último.** Vuelve a escribir los acontecimientos principales del cuento «**El espejo sabio**», usando las palabras mencionadas.

> MODELO: **Para empezar, el hermano mayor se miró en el espejo.**

2 Comparando impresiones

Ahora que ya sabes que pasó en el cuento «**El espejo sabio**», vuelve a leer el párrafo que escribiste en la sección **Antes de leer** y compara tus impresiones con los acontecimientos de la historia. ¿Te formaste una impresión correcta de la historia o no? Escribe tu párrrafo de nuevo. Incluye más detalles de los que incluiste cuando sólo estabas haciendo predicciones con base en las frases claves.

3 En otras palabras

Describe en detalle el aspecto físico, la personalidad y el temperamento[1] de los siguientes personajes del cuento «**El espejo sabio**». Puedes usar tus propias palabras o las palabras a continuación[2].

generoso	responsable	atlético
introvertido	exigente	honesto
creativo	tímido	entusiasta
antipático	justo	extrovertido
de buen humor		

1. el hermano mayor _____
2. el hermano mediano _____
3. el hermano menor _____
4. la madre de los hermanos _____
5. la gente del pueblo _____
6. el nieto del marinero _____

1 character   **2** that follow

32   Capítulo 4

4 Por fuera y por dentro

Lee de nuevo lo que le dice el marinero
al hermano pequeño:

> —*Y cien veces más fiel,*
> —*respondió el nieto afablemente*—,
> *porque en el suyo sólo te ves por*
> *fuera. Y en éste puedes ver cómo*
> *eres por dentro.*

¿Cómo eres tú? Si tú te vieras[1] en el primer
espejo, el espejo del abuelo, ¿qué piensas
que verías[2]? Si te vieras en el segundo
espejo, el espejo del nieto del marinero,
¿qué piensas que verías? ¿Prefieres la
imagen del primer espejo o la del
segundo? ¿Por qué?

5 La moraleja

Muchos cuentos tienen una moraleja
al final para inspirar al lector en
su propia vida. ¿Cuál crees que es la
moraleja del cuento «**El espejo sabio**»?

  a. Hay más de una manera de interpretar
     las imágenes en el espejo.
  b. La profesión de una persona determina
     cómo es esa persona.
  c. Lo que dice la gente[3] no siempre es
     correcto.
  d. Lo que uno es[4] por dentro es mucho
     más importante de lo que uno
     es por fuera[5].

1 If you could see yourself   **2** . . . you would see?   **3** What people say   **4** What one is
5 on the outside

Un poco más...

1 Las moralejas

Frecuentemente, los dichos[1] expresan una moraleja general que se puede aplicar a muchas situaciones en cualquier cultura. Empareja[2] los dichos de la Columna A con los dichos de la Columna B. Luego decide cuál de las interpretaciones que les siguen capta mejor[3] la moraleja de cada dicho.

Columna A
1. Don't judge a book by its cover.
2. Don't count your chickens before they hatch.
3. Haste makes waste.
4. He who laughs last laughs best.
5. All that glitters is not gold.
6. No pain, no gain.

Columna B
A. El que ríe de último, ríe mejor.
B. El que algo quiere, algo le cuesta.
C. Las apariencias engañan[4].
D. No todo lo que brilla es oro.
E. Quien mucho corre, pronto para.
F. No cantes victoria antes de tiempo.

Interpretaciones

a. No todo lo que parece tener valor, tiene valor.

b. No debes formar opiniones sobre una persona sólo por su apariencia.

c. El que tiene la última palabra es el ganador[5].

d. Vas a perder tiempo si haces las cosas de prisa.

e. No se gana[6] nada si no se hace nada.

f. No debes celebrar tus logros[7] antes de obtenerlos.

2 Una película o una experiencia

1. Escoge uno de los dichos de la actividad anterior y piensa en una película o una experiencia que hayas tenido[8] que ilustre[9] la moraleja de ese dicho. Explica en un breve párrafo cómo se relaciona tu experiencia o el tema de la película con la moraleja del dicho.

. . . .
1 proverbs **2** Match **3** best expresses **4** deceive **5** the winner **6** nothing is gained **7** accomplishments
8 that you have had **9** that illustrates

Capítulo

5 *Antes de leer*

Una sola verdad

Estrategia

Pensando en voz alta[1] El buen lector reacciona a lo que está leyendo mientras lee, pero generalmente lo hace en su mente[2]; no lo expresa en voz alta. Pensar en voz alta es una buena estrategia para identificar problemas o soluciones, preguntarse el significado de las palabras o frases, y hacer predicciones, comparaciones, o comentarios que puedan ayudar a comprender un texto.

Actividad

La introducción Lee las siguientes oraciones del comienzo del cuento «**Una sola verdad**» y escribe tu reacción a cada oración en una hoja aparte[3]. Tu reacción puede ser una predicción, una comparación, un comentario, o la identificación de un problema o su solución.

MODELO: «Las ideas cambian, ¿sabes? Y las opiniones también».

Predicción: Yo creo que el narrador tiene una idea u opinión que va a cambiar a través[4] del cuento.

1. «Ese día, hace un mes más o menos, yo no sabía[5] lo que me esperaba[6] durante las siguientes veinticuatro horas».

2. «Como todos los chicos de dieciséis, listos para vencer[7] los problemas del día, seguros de su inmortalidad y de su rutina invariable, me vestí y me fui al colegio, sin duda alguna de la conclusión normal del aburrido y predecible[8] día».

3. «Pero no, no iba a ser así».

4. «Éstos son los sucesos[9], precisamente como ocurrieron, aunque Jessica y Elisa, mis supuestas mejores amigas, lo contradigan[10]».

---

1 Thinking aloud   **2** mind   **3** separate sheet of paper   **4** throughout   **5** I didn't know   **6** what was waiting for me
7 to overcome   **8** predictable   **9** events   **10** they will contradict it

Mientras lees

A. ¿Quién es el narrador del cuento?

B. ¿Cree el narrador que va a ser un día normal?

C. ¿Por qué es especial ese viernes?

Una sola verdad[1]

Las ideas cambian, ¿sabes? Y las opiniones también.

Ese día, hace un mes más o menos, yo no sabía lo que me esperaba durante las siguientes veinticuatro horas. Como todos los chicos de dieciséis, listos para vencer los problemas del día, seguros de su inmortalidad y de su rutina invariable, me vestí y me fui al colegio, sin duda alguna[2] de la conclusión normal del aburrido y predecible día.

Pero no, no iba a ser así.

Éstos son los sucesos[3], precisamente como ocurrieron, aunque Jessica y Elisa, mis supuestas mejores amigas, lo contradigan.

Yo, inocente, espero a las chicas después del último período en el sitio de siempre, el *parking* del colegio. Hay algo excepcional en este viernes, penúltimo[4] del mes, porque éste de todos marca el principio[5] de las vacaciones de Navidad.

No alcanzo ni a saludarlas[6] a las dos cuando suena el celular de Elisa. Se me había olvidado[7] que la gran reunión entre Elisa y su celular había ocurrido[8] hoy.

—Por Dios, Elisa, apaga ese aparato[9].

—No, estoy esperando una llamada. ¿Hola?

Jessica parece estar perdida en sus pensamientos[10] mientras la loca de Elisa sigue con su conversación.

. . . .

1 truth   **2** without any doubt   **3** events   **4** next to last   **5** beginning   **6** I'm not even able to greet them   **7** I had forgotten   **8** had happened   **9** turn off that gadget   **10** thoughts

—¿Qué onda[1] Jessica, adónde vamos?

—No sé, ando muy cansada, creo que me voy a casa a tomar una siesta.

—Oye, ¿estás loca o qué? Es viernes. No tenemos clase la semana que viene. Tenemos que ir a hacer algo. ¿No crees, Elisa?

Yo sabía[2] que Elisa nunca rechazaría[3] la ocasión de salir, aunque fuera[4] día de entresemana o de fin de semana. Elisa vivía para salir. En ella tenía sin falta mi co-conspiradora para animar a Jessica a salir y hacer algo.

La cara de seriedad[5] y enojo[6] con que me enfrentó[7] me sorprendió.

—Elisa, ¿estás bien? O ¿te has tragado[8] tu celular?

Si las miradas mataran, yo me habría muerto[9] varias veces.

—Anda, vámonos.

—¿Adónde?

—Al *mall*, ¿adónde más?

El *mall* normalmente no me atrae[10] pero me falta[11] comprar varios regalos y quiero ir a Compu-Tienda a ver los juegos electrónicos que acaban de salir para mi compu-

tadora. Y la verdad es que también me encanta pasar tiempo con Jessica. Sin que ella lo sepa[12], claro.

—Está bien, ¿por qué no?

—Estoy muy cansada. Quiero irme a casa.

—Anda, Jessica, ven con nosotros. Podemos ir a ver los celulares nuevos que acaban de salir. ¡Hay unos modelos adorables!

Elisa al rescate. Esto pareció interesarle a Jessica, aunque todavía llevaba un aspecto de tristeza[13].

—¿Por qué no vamos en mi carro?

—¿Carro? ¿Desde cuándo tienes tú carro?

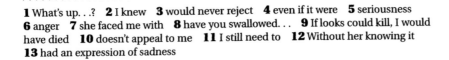

1 What's up. . .?   2 I knew   3 would never reject   4 even if it were   5 seriousness
6 anger   7 she faced me with   8 have you swallowed. . .   9 If looks could kill, I would
have died   10 doesn't appeal to me   11 I still need to   12 Without her knowing it
13 had an expression of sadness

Mientras lees

D. ¿Adónde quiere ir Jessica? ¿Por qué?

E. ¿Cómo se siente Elisa después de hablar por teléfono?

F. ¿Adónde decide Elisa que deben ir todos?

G. ¿Por qué piensa Efraín que ir al *mall* no es mala idea?

H. ¿Cómo reacciona Jessica? ¿Le parece buena idea? ¿Qué puede hacerla cambiar de opinión?

Mientras lees

I. ¿Cómo van a llegar al *mall*?

J. ¿De quién es el carro? ¿Por qué lo tiene Efraín?

K. ¿Qué hora es? ¿A qué hora tiene que estar Jessica en casa? ¿Por qué?

—Bueno, la verdad sea dicha[1], no es mi carro. Es de papá. Me lo prestó por todo el fin de semana porque saqué buenas notas este semestre.

—Uy, Efraín, qué santo eres. No sé cómo te aguantas[2].

—No sé por qué te quejas, Elisa. Es mejor ir al *mall* en carro que en autobús? ¿O no?

—Tienes razón, Efraín. Tu pasión por los estudios por fin me sirve de algo[3].

—Sólo puedo ir por un par de horas. Le prometí a mamá que la ayudaría[4] con las galletas de Navidad. Tengo que estar en casa antes de las siete.

—Apenas son las cuatro, Jessica. Nos queda bastante tiempo[5] para ir y regresar.

Palabras sinceras, al momento de decirlas, pero palabras más lejos de la verdad no habrían podido existir[6].

Al pasear por el *mall* se siente uno como en un mundo carnavalesco. Los seres humanos tenemos cinco sentidos, y al caminar por el comercio en acción, tres de ellos son inmediatamente asaltados: el oído[7] por el ritmo palpitante de la música; el olfato[8] por el olor de la comida rápida de todas las regiones del mundo; y la vista[9] por los vibrantes colores de los variados productos en los escaparates.

---

1 to tell the truth   **2** I don't know how you stand yourself.   **3** comes in handy
4 I would help her   **5** We have plenty of time left   **6** could not have existed
7 sense of hearing   **8** sense of smell   **9** sense of sight

Pronto, los dos que faltan, el tacto[1] y el gusto[2], insisten en que igual les pongas atención[3], y el segundo, más persistente que el primero, me lleva a la conclusión lógica que antes de caminar por toda la galaxia de tiendas, debemos comer.

Yo casi siempre estoy muerto de hambre; es mi condición perpetua desde que cumplí catorce años, así es que les sugiero a mis compañeras que sigamos[4] los olores hacia la Avenida de la Comida. Allí nace el problema.

Pon a tres chicos de la misma edad en una situación en la que se tiene que tomar una decisión, y los tres, sin falta, vez tras vez, escogerán[5] tres destinos distintos. Yo, la Avenida de la Comida, Jessica la Tienda del Celular, y para Elisa hubiera sido[6] sin duda el Departamento de Mujeres de Filene's® excepto que en ese momento, en la entrada al Gimnasio Metamorfosis, vio a Camilo hablando animadamente con, con, a ver, parece que es, sí, no puede ser, Rosalinda, la archienemiga de Elisa en su lucha[7] constante para conquistar el corazón de Camilo[8].

Sin avisarnos, Elisa arranca[9] en dirección opuesta a Camilo, que de pura suerte[10] coincide con el camino a la Avenida de la Comida. Jessica y yo la seguimos.

De allí todo se deshizo[11] rápidamente. Elisa ya no quería permanecer en el *mall*, para evitar encontrarse con Camilo y su nueva novia; Jessica vio los letreros[12] que anunciaban los

1 sense of touch   2 sense of taste   3 that you pay attention to them   4 that we follow
5 will choose   6 it would have been   7 battle   8 to win Camilo's heart   9 takes off
10 pure luck   11 went to pieces   12 signs

Mientras lees

L. ¿Qué quiere hacer Efraín cuando llegan al centro comercial?

M. ¿Adónde quiere ir Jessica?

N. ¿Por qué se siente mal Elisa? ¿Cómo reacciona?

O. ¿Qué quiere hacer ahora Elisa?

Capítulo 5   39

Mientras lees

P. ¿Qué concluye Jessica al ver los letreros para los celulares?

Q. ¿Qué compra Efraín?

R. ¿Cómo se sienten los chicos de vuelta al carro?

S. ¿Qué pasa con el carro?

T. ¿Qué le pide Efraín a Elisa? ¿Qué le dice Elisa?

diferentes planes para los celulares y dedujo correcta y fácilmente que su presupuesto[1] no soportaría un gasto[2] tan enorme; y yo me compré un perrito caliente y una galleta de chocolate y me sentí completamente renovado y listo para hacer el papel de caballero[3] a mis bellas aunque malhumoradas[4] damas, para servirles, para siempre, a sus órdenes, Efraín Pedro Montoya.

El silencio llenaba el carro como un olor ofensivo. Traté de alegrar a las chicas pero ninguno de mis chistes de siempre logró sacarlas del hoyo negro[5] en que se habían metido[6].

Fue entonces cuando se interrumpió el silencio con la espantosa explosión de una llanta desinflada[7]. Logré maniobrar[8] el carro al lado de la carretera mientras los gritos de las chicas se iban extinguiendo.

—¿Y ahora qué, Efraín?

—Dame tu celular.

Jamás en mi corta vida había estado[9] tan entusiasmado de conocer a alguien que tuviera[10] celular.

—Lo tiré en la basura.

—Me estás tomando del pelo[11], ¿verdad, Elisa?

No lo estaba. Se enojó con el celular porque por contestar la llamada fue al *mall,* y fue testigo[12] de su propia traición.

Jessica empezó a reírse y sacó el celular de su bolsillo.

....

1 budget   **2** would not stand an expense   **3** to play the gentleman's role   **4** although ill-tempered   **5** black hole   **6** in which they had found themselves   **7** flat tire **8** I managed to manoeuvre   **9** had I been   **10** someone who had   **11** You are pulling my leg   **12** witness

—Aquí está. ¿A poco crees que iba a dejar ese celular en la basura? Te lo iba a devolver[1], de veras. Sólo quería usarlo unos cuántos días para ver cómo se sentía tener uno.

Se lo quité[2] a Jessica y marqué la línea de emergencia en la tarjeta del Club de Autos de mi papá. Para cuando llegaron y compusieron[3] la llanta, ya eran las nueve de la noche.

La batería del celular se descargó[4] inmediatamente después de que llamé al Club de Autos así que no pudimos avisarles[5] a nuestros padres que íbamos a llegar[6] tarde. Nuestros castigos[7] nos esperaban.

No hay duda que hay tres versiones distintas de ese viernes memorable. Por mi parte, por fin vi la utilidad[8] del celular mientras que Elisa por fin vio su peligro[9]. Jessica se deshizo[10] de la ilusión del celular como instrumento mágico que tiene el poder de cambiar tu vida. Estaba contemplando todo esto mientras escribía[11] en mi diario, cuando lo siguiente apareció en mi pantalla como mensaje instantáneo:

Mientras lees

u. ¿Quién tiene el celular? ¿Por qué?

v. ¿Por qué no pueden avisarles los chicos a sus padres que van a llegar tarde?

w. ¿Qué concluye Efraín?

x. ¿Qué recibe Efraín de El_Poeta.man?

> Efraín:
> No hay una sola verdad, hay muchas, depende de la interpretación. En «Cada loco con su tema» de Ana B. Chiquito, verás[12] de lo que hablo.
> Sinceramente,
> El_Poeta.man

---

1 I was going to give it back to you   **2** I took it away   **3** fixed   **4** ran out (of charge)
5 we could not tell   **6** that we were going to arrive   **7** punishments   **8** usefulness
9 danger   **10** got rid of   **11** as I was writing   **12** you will see

Después de leer
Actividades

El hablante y el oyente

Con un(a) compañero(a), escojan seis oraciones del cuento «**Una sola verdad**». Un estudiante (el hablante[1]) debe leer una oración y pensar en voz alta mientras que el otro (el oyente[2]) debe identificar y llevar la cuenta[3] del tipo de reacción: ¿Es una predicción, una comparación o simplemente una opinión? ¿Es la identificación de un problema o su solución? ¿Es una pregunta sobre el vocabulario? Luego, deben cambiarse los papeles hasta terminar de leer y reaccionar a las oraciones.

> MODELO: «Y la verdad es que también me encanta pasar tiempo con Jessica. Sin que ella lo sepa, claro».
>
> Reacción: Yo creo que a Jessica le interesa Efraín sólo como amigo.
>
> Clase de reacción: comentario.

Evaluación

Ahora que ya han leído[4] sus oraciones sobre el texto, han reaccionado[5] en voz alta y han identificado[6] los tipos de reacción, contesten las siguientes preguntas:

1. Al pensar en voz alta, ¿qué tipo de comentario hiciste tú con más frecuencia? ¿Y tu compañero(a)?

2. ¿Te ayudaron tus comentarios a entender mejor la lectura? ¿De qué manera[7]?

3. ¿Te ayudaron los comentarios de tu compañero(a) a entender mejor la lectura? Explica.

¿Qué pasó?

Cuando Efraín, Elisa y Jessica llegan a casa, tienen que explicarles a sus padres por qué llegaron tan tarde. Escribe sus explicaciones. Usa los detalles que recuerdes[8] del cuento para dar explicaciones creíbles[9] de lo que pasó.

> MODELO: Mamá, papá, es que llevé a las chicas al *mall*. En camino a casa...

· ·

1 speaker **2** listener **3** tally **4** you (all) have read **5** you (all) have reacted **6** you (all) have identified
7 In what way? **8** that you remember **9** believable

4 Entre amigos

Imagina que eres compañero(a) de clase de Efraín, Elisa y Jessica y quieres ayudarles a solucionar sus dilemas. Por medio de un mandato positivo y un mandato negativo dile a cada uno de ellos lo que debe hacer. Incluye algunos de los siguientes verbos: **hacer, poner, tener, ir, ser, venir, salir, decir.**

> **MODELO:** Elisa, no *salgas* con Camilo. *Ve* al gimnasio Metamorfosis con otro amigo.

5 En sus sueños

En sus sueños Elisa se imagina que Camilo se siente mal porque ella está enojada con él. Cuando se encuentran[1], él trata de darle una explicación. ¿Qué le dice ella?

> **MODELO:**
>
> **Elisa:** Claro que estoy enojada, Camilo. Yo misma te vi con Rosalinda a la entrada del gimnasio.
>
> **Camilo:** Elisa, me tienes que creer. Me inscribí en el gimnasio Metamorfosis porque quiero mantenerme en forma...
>
> **Elisa:** _____
>
> **Camilo:** _____

6 Una vida sana

Efraín no come muy bien (¡mira lo que se comió en el *mall!*) y aunque se ve bien, la verdad es que no hace suficiente ejercicio porque pasa demasiado tiempo frente[2] a su computadora. Usando mandatos, dile seis cosas que debe y no debe hacer para llevar una vida sana.

---

1 they meet   **2** in front

Un poco más...

1 Asociaciones

Usamos algunos de los cinco sentidos[1] cuando estamos en contacto con las
siguientes cosas. Pon cada cosa en el círculo del sentido con el que la asocias[2].
OJO—¡Algunas de las cosas pueden ponerse en varios de los círculos!

galleta   pastel   música   libros   televisión

computadora   juegos electrónicos   radio   árbol de Navidad   piano

teléfono   carro   tenis   guitarra   película

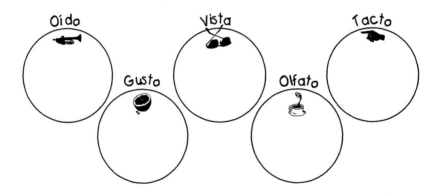

Oído   Vista   Tacto

Gusto   Olfato

2 ¡A jugar!

Escribe el nombre de un objeto y léelo en voz alta cuando sea[3] tu turno. Los
otros estudiantes deben mencionar todos los sentidos que se usan en relación
con ese objeto. El estudiante que dé[4] más respuestas correctas gana y tiene el
turno para continuar. Tu maestro(a) de español debe determinar si las
respuestas son correctas.

. . . .

1 senses   **2** that you associate it with   **3** when it is   **4** who gives

Capítulo

6 *Antes de leer*
Cada loco con su tema

Estrategia

Lee, evalúa y vuelve a leer En esta estrategia el lector lee un texto corto tres veces y evalúa su comprensión del texto por medio de preguntas. Después de la tercera lectura, el lector comenta y aclara sus preguntas en grupo y vuelve a evaluar su comprensión del texto.

Actividad

Lee el siguiente párrafo tres veces y evalúa tu comprensión en una escala de 1 a 10 en un cuadro como el que sigue a continuación. Cada vez que leas[1] el texto, escribe tus preguntas y evalúa tu comprensión. Después de la tercera lectura, haz las aclaraciones necesarias con tus compañeros y evalúa el texto por última vez.

«Los designios del azar son inexpugnables. Eso pensaba yo mientras le decía adiós a Roberto desde la puerta de la casa. Me quedé saboreando la palabra, in-ex-pug-na-bles. Era la palabra exacta para describir el hecho de que Roberto iba a disfrutar de una noche inolvidable y yo no. Cerré la puerta y, a pesar de mi irritación, sonreí para mis adentros recordando a mi antigua profesora de colegio. Ella me había enseñado esa palabra extraña, pero tan útil para describir los caprichos de la suerte».

Después de leer	Preguntas	Evaluaciones
Primera vez	**Modelo:** ¿Qué quiere decir *inexpugnable*? ¿Qué es un designio del azar?	1 2 3 4 5 **6** 7 8 9 10
Segunda vez		1 2 3 4 5 6 7 8 9 10
Tercera vez		1 2 3 4 5 6 7 8 9 10
Comentario y evaluación final		1 2 3 4 5 6 7 8 9 10

. . . .

1 Each time you read

Cada loco con su tema
por Ana Beatriz Chiquito

Sobre la autora

Ana Beatriz Chiquito Ramírez nació en Medellín, Colombia, donde hizo sus estudios universitarios en ingeniería civil. Posteriormente estudió en Alemania, Noruega, Ecuador y Chile. Actualmente es profesora de español y estudios latinoamericanos en la Universidad de Bergen, Noruega. Al mismo tiempo, trabaja como ingeniera investigadora en el *Center for Educational Computing Initiatives* de MIT *(Massachusetts Institute of Technology).* Allí desarrolla programas computarizados para la enseñanza del español. Ha publicado cuentos, libros de texto, videos, colecciones fotográficas, CD-ROMs y programas de computadora para la enseñanza de la lengua española y de las literaturas y culturas del mundo hispano.

A. ¿Dónde está la narradora y cómo se siente? Explica.

B. ¿Quiénes vienen a cenar? ¿Qué comida están preparando?

Los designios del azar son inexpugnables[1]. Eso pensaba yo mientras le decía adiós a Roberto desde la puerta de la casa. Me quedé saboreando la palabra, in-ex-pug-na-bles. Era la palabra exacta para describir el hecho[2] de que Roberto iba a disfrutar[3] de una noche inolvidable y yo no. Cerré la puerta y, a pesar de mi irritación, sonreí para mis adentros[4] recordando a mi antigua profesora de colegio. Ella me había enseñado esa palabra extraña, pero tan útil para describir los caprichos de la suerte[5]. Entré a la cocina pensando todavía en la alegría[6] de Roberto y en la tristeza mía, cuando escuché la voz satisfecha de mi madre diciéndole a mi padre:

—La cena va a quedar deliciosa. A la abuela le encantan los tamales y las verduras frescas. ¿Crees que también le gusten al abuelo?

Mi padre contestó con su paciencia de siempre y además, comentó la ausencia de Roberto:

— Por supuesto. Al abuelo le gustan mucho los tamales, lo mismo que a Roberto. ¡Es una lástima que él no vaya a estar aquí[7] esta noche, cuando vengan[8] los abuelos!

---

1 The designs of chance are inexplicable   **2** fact   **3** was going to enjoy   **4** I smiled to myself   **5** whims of fate   **6** happiness   **7** It's a pity he won't be here   **8** when (they) come

Esperé ansiosa la respuesta de mi madre porque yo estaba segura que a ella no le gustaba que mi hermano mayor hubiera salido[1] esa noche. Por eso me sorprendió su tranquilidad cuando ella contestó:

—Bueno, ya sabes cómo son los chicos. Ellos tienen sus propios planes, en especial a la edad de Roberto. A los diecisiete años, todo eso es importante y como sabes, hoy fue a ver a Cristina.

La tía Luisa no dejó pasar la oportunidad para expresar su opinión sobre los jóvenes de hoy, poniendo a Roberto como un mal ejemplo:

—Pues yo no estoy de acuerdo con esa actitud de los jóvenes. Roberto debería estar aquí en vez de ir a ver a su novia[2]; a ella la ve a diario. ¡En cambio, los abuelos no vienen de visita desde California todos los días!

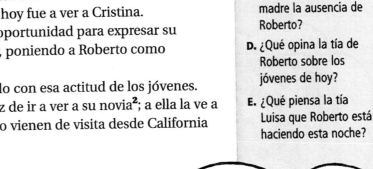

A pesar de que yo todavía sentía envidia[3] porque Roberto había salido esa noche y yo no, me pareció injusto[4] que la tía Luisa malinterpretara[5] la ausencia de mi hermano. Por eso empecé a desmentirla[6]:

—No, tía, las cosas no son como tú crees... él no fue a ver a Cristina, su novia, sino que...

Pero no pude terminar la frase porque en ese mismo momento tocaron a la puerta y mientras yo corría a abrirla, le dije a mi tía:

—Perdón, tía, creo que los abuelos acaban de llegar, más tarde te lo explico todo.

La llegada[7] de los abuelos me hizo olvidar por completo el tema de Roberto. Me encantaba estar con ellos y me daba orgullo que la abuela admirara las destrezas[8] culinarias de mis padres:

—Como siempre, en esta casa se cena como en el mejor restaurante de la ciudad. ¡Este plato, no tiene comparación! ¡Qué delicia de cena!

Mientras lees

C. ¿Cómo explica la madre la ausencia de Roberto?

D. ¿Qué opina la tía de Roberto sobre los jóvenes de hoy?

E. ¿Qué piensa la tía Luisa que Roberto está haciendo esta noche?

F. ¿Qué pasa cuando la narradora va a explicarle a la tía la ausencia de Roberto?

G. ¿Qué siente la narradora por sus abuelos?

H. ¿Qué piensan los abuelos de la comida?

- -

1 had gone out   **2** girlfriend   **3** In spite of still feeling envious   **4** unfair
5 misinterpret   **6** to contradict her   **7** arrival   **8** skills

Capítulo 6   **47**

I. ¿Le importa al abuelo la ausencia de Roberto?

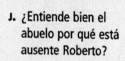

J. ¿Entiende bien el abuelo por qué está ausente Roberto?

K. ¿Logra la narradora explicarle al abuelo adónde fue Roberto? ¿Por qué sí o por qué no?

L. ¿Quién llama por teléfono?

El abuelo estaba totalmente de acuerdo con la abuela, pero yo sabía que, tarde o temprano, los tamales le harían recordar a Roberto, su nieto preferido[1]. No me equivoqué porque detrás de las alabanzas, se podía vislumbrar la desilusión[2] del abuelo con la ausencia de Roberto:

—Ustedes tienen el don de la buena sazón. ¡Nadie hace mejores tamales! Por eso me extraña mucho que Roberto no esté aquí. No quiero decir que él debería estar aquí, esperándonos. No es eso, pero yo sé que este plato le encanta y que no se lo pierde por nada del mundo... sobre todo cuando vengo yo...

Yo quería consolar al abuelo y por eso empecé a explicarle que no se trataba de un desaire[3], sino de esos eventos imposibles de rechazar[4] cuando uno tiene diecisiete años:

—Abuelito, es que Roberto fue a ver a Cristina, ya sabes...

Pero el abuelo me interrumpió porque creyó que ya había comprendido[5] por qué no estaba su nieto, y no dudó en disculparlo:

—Por supuesto, no es nada raro que Roberto haya preferido[6] ir a ese show de televisión que graban aquí en Miami, «El Show de Cristina». Es un programa muy popular y lo veo de vez en cuando. Conseguir entradas[7] es muy difícil y si Roberto las tenía, pues...

El abuelo tenía algo de razón, pero me apresuré a corregirlo[8]:

—No, abuelito, no estoy hablando de ningún programa de televisión...

Sin embargo, como dije antes, los designios del azar son inexpugnables y antes de que yo pudiera continuar[9], sonó el teléfono y mi madre me pidió que contestara[10]:

—¿Aló? —dije con irritación y no saludé a Juan a pesar de que había reconocido su voz.

—Hola, Marisa, habla Juan, el compañero de estudios de Roberto.

—Ah, hola, Juan, ¿cómo estás? —le dije un poco avergonzada de mi descortesía.

- -

1 favorite grandson   **2** one could get a glimpse of his disappointment   **3** snub
4 refuse   **5** had understood   **6** would have prefered   **7** To get tickets   **8** I hurried to correct him   **9** before I could continue   **10** that I answer

—Estoy muy bien, gracias. ¿Y tú cómo estás?

—Estoy muy contenta porque mis abuelos están de visita.

—¡Qué bien! —contestó él. —¿Y cuándo llegaron tus abuelos?

En ese momento, mi madre empezó a hacerme señas para que regresara a terminar de cenar. No tuve más remedio que insinuarle a Juan que llamara más tarde y muy a mi pesar, le dije:

—Pues los abuelos llegaron hoy mismo y precisamente, estamos cenando.

Inmediatamente me arrepentí de haberle dicho eso, y sin hacerle caso[1] a mi madre, continué hablando. Tal vez por eso me castigó el destino[2]. Sin darme cuenta, le dije a Juan lo que no había alcanzado[3] a explicarles ni a la tía ni al abuelo:

—Claro, Juan, puedes llamar a Roberto más tarde, cuando regrese[4] del concierto de Cristina Aguilera. ¡Yo tenía tantos deseos de ir a ese concierto! ¡Pero no pude conseguir entradas y por eso estoy en casa, muy aburrida, sin nadie interesante con quien conversar y sin nada que hacer!

Juan no dijo nada sobre mi comentario y terminó la conversación diciendo:

—¡Qué memoria tan mala la mía! Por supuesto que Roberto está en el concierto. Hace tanto tiempo que se ganó la entrada, que se me había olvidado[5] que él no estaría hoy en casa. Bueno, Marisa, lo llamaré más tarde. Hasta luego.

Juan no esperó a que yo me despidiera y colgó. Me quedé con el teléfono en la mano y con la mirada fija[6] en la expresión de extrañeza[7] de mis abuelos. Roberto no les había hecho ningún desaire. Yo sí, al decir que estaba aburrida y que su compañía no era interesante. ¡Tardé muchos días en lograr su perdón[8] y en dejar de echarle al azar la culpa[9] de mis errores!

M. ¿Qué nos revela la conversación entre Marisa y Juan?

N. ¿Qué le dijo Marisa a Juan que los abuelos podrían considerar como un desaire?

O. ¿Perdonaron los abuelos a Marisa? ¿Cuándo?

1 without paying attention   **2** I was punished by fate   **3** what I hadn't managed
4 when he returns   **5** I had forgotten   **6** my gaze fixed   **7** surprised reaction
8 to gain their forgiveness   **9** stop blaming chance

Después de leer
Actividades

1 Deducciones

Lee las siguientes preguntas sobre los personajes del cuento **«Cada loco con su tema»** y en una hoja aparte, completa un cuadro como el que sigue a continuación. Primero contesta las preguntas basándote en la información que se encuentra directamente en el cuento (El texto dice...); luego, contéstalas basándote en lo que tú sabes (Yo digo...) y finalmente, haz una deducción general basándote en una combinación de las dos (Y por lo tanto...).

Preguntas	El texto dice...	Yo digo...	Y por lo tanto...
Modelo: ¿Porqué no trata la madre de defender a Roberto?	«Bueno, ya sabes cómo son los chicos. Ellos tienen sus propios planes, en especial a la edad de Roberto... y como sabes, hoy fue a ver a Cristina».	La mamá sabe que Roberto fue a ver a Cristina, la cantante, y no a su novia.	La mamá de Roberto sabe que ir al concierto de Cristina era muy importante para él. Por eso no siente la necesidad de defenderlo.
1. Los abuelos y la tía de Roberto están confundidos por su ausencia. ¿Tiene toda la culpa Marisa?			
2. ¿Cómo se aclara esta confusión?			
3. ¿Qué dijo Marisa al final que ofendió a los abuelos?			
4. ¿Piensas que tenían razón para sentirse ofendidos?			
5. ¿Cómo demuestra el cuento que los designios del azar son inexpugnables?			

2 Una serie de acontecimientos[1]

Para relatar una serie de acontecimientos en orden cronológico, frecuentemente se usan palabras o frases como las siguientes: **para empezar, primero, a continuación, después, luego, por último.** Haz un resumen del cuento «**Cada loco con su tema**», usando las palabras mencionadas.

MODELO: **Para empezar, la familia de Roberto se prepara para la visita de los abuelos.**

3 Un malentendido

En el cuento «**Cada loco con su tema**», el papá, el abuelo y la tía se sienten mal por causa de un malentendido. ¿Alguna vez te ha pasado algo similar[2]? Escribe en uno o dos párrafos lo que te pasó. Considera las siguientes preguntas:

- ¿Cuál fue el acontecimiento principal?
- ¿Quién malentendió el acontecimiento?
- ¿Por qué se prestó este acontecimiento a diferentes interpretaciones?
- ¿Cómo se resolvió el malentendido?

4 Dialogando

En el Capítulo 4, Jessica no le dijo toda la verdad a su mamá porque no le convenía[3]. En «**Cada loco con su tema**», Marisa no le dijo todo a la tía, porque cuando iba a decírselo, llegaron los abuelos. Escribe un diálogo entre Marisa y la tía en el que Marisa le explica las circunstancias de la ausencia de Roberto.

MODELO: **Tía: En realidad Roberto debería estar aquí**
¡Qué egoísta! Los jóvenes de hoy sólo piensan en ellos mismos[4].

Narradora: Tía, no digas eso. Tú sabes que Roberto...

. . . .

1 events   **2** Has something similar happened to you?   **3** it didn't benefit her   **4** themselves

Un poco más...

① Representación teatral

«Cada loco con su tema» es un cuento muy fácil de representar como una obra de teatro porque el escenario es muy sencillo y no se necesitan muchos accesorios. Ahora, ¡ustedes van a dramatizar este cuento en clase! ¿Qué necesitan?

El director o la directora de reparto[1]

Esta persona escoge a los actores. Si hay tiempo, puede hacer audiciones o puede escoger con base en su conocimiento de los estudiantes.

El director o la directora

Esta persona les da instrucciones específicas a los actores: dónde pararse, cuándo moverse, cómo dramatizar o enfatizar ciertas oraciones, etc. Él o ella tiene que coordinar todo lo que pasa en el escenario.

Los actores

Los actores pueden aprender sus guiones[2] de memoria o pueden leerlos de sus libros. Deben vestirse como creen que sus personajes se vestirían[3] en este caso. También deben tratar de capturar las personalidades de los personajes en su modo de hablar, de caminar, de gesticular, etc.

El estreno[4]

Es el momento en que se hace la presentación en frente del público. ¡Buena suerte!

. . . .

1 casting **2** scripts **3** would dress **4** Opening night

7 Antes de leer

El que solo se ríe...

Estrategia

¡Dime algo! En esta estrategia dos estudiantes leen un texto y se turnan[1] para decir algo sobre el texto, por medio de una predicción, un comentario, una pregunta o una conexión con otros temas o personas. Esta estrategia es importante porque ayuda al lector a concentrarse en la lectura y por lo tanto, a comprenderla mejor.

Actividad

¿Qué dices tú?

Con un compañero de clase lean el primer párrafo de «**El que solo se ríe...**» en voz alta[2]. Mientras leen, túrnense para decir algo sobre cada oración. Pueden incluir predicciones, comentarios, preguntas y conexiones. Luego, contesten las preguntas a continuación.

> «Cuando llegué a casa eran las nueve y media de la noche. Dos horas y media de retraso[3]. Estaba segura que mamá iba a estar hecha una furia. Pero cuando abrí la puerta y me vio entrar, le vi la cara muy pálida[4], como si hubiera visto[5] un fantasma. Cruzó la sala inmediatamente y me dio un fuerte abrazo. Me tocó la cara con una ternura que en ese momento yo no sentía que merecía[6]».

1. ¿Qué preguntas se hicieron ustedes con más frecuencia?

2. ¿Conoces a alguien similar a este personaje?

3. ¿Qué clase de predicciones hicieron? ¿Crees que este personaje va a ser castigado[7]? ¿Por qué sí o por qué no?

4. ¿Qué clase de conexiones hicieron? ¿Alguna vez llegaste tarde a casa? ¿Cómo reaccionaron tus padres?

---

1 they take turns   **2** aloud   **3** late   **4** pale   **5** as if she had seen   **6** I didn't think I deserved   **7** will be punished

El que solo se ríe...

Mientras lees

A. ¿Quién llegó tarde a casa?

B. ¿Cuántas horas de retraso llevaba?

C. ¿Cómo cree Jessica que va a reaccionar su mamá?

D. ¿Cómo reacciona la mamá?

Cuando llegué a casa eran las nueve y media de la noche. Dos horas y media de retraso. Estaba segura que mamá iba a estar hecha una furia[1]. Pero cuando abrí la puerta y me vio entrar, le vi la cara muy pálida, como si hubiera visto un fantasma[2]. Cruzó la sala inmediatamente y me dio un abrazo[3] fuerte. Me tocó la cara con una ternura[4] que en ese momento yo no sentía que merecía.

—¡Hija! ¿Estás bien?

—Sí, mamá, perdóname, las galletas...

—No importa, Jessica, de veras. Lo que importa es que tú estés bien.

Es un poco desconcertante esperar un regaño[5] y en su lugar recibir una tonelada de cariño[6]. A veces prefiero los regaños porque en ellos no hay pausas que llenar. ¿Qué decirle? En su cara estaba pintada la calmada y resuelta expectativa[7] que dentro de muy poco su hija mayor iba a dar una explicación lógica y sincera.

En retrospectiva, veo que decirle la verdad entera hubiera sido[8] lo más fácil y quizás lo más perdonable[9]. No me malentiendan, no es precisamente que no quisiera[10] decirle la verdad. Es que, en ese momento, me pareció más útil[11] decirle la versión de la verdad que más me convenía[12].

—Tuvimos una llanta desinflada en el carro de Efraín.

E. ¿Qué expectativa tiene la mamá de Jessica?

F. ¿Por qué no le dijo Jessica toda la verdad a su madre?

G. ¿Qué parte de la verdad le dijo?

. . . .

1 furious **2** ghost **3** hug **4** tenderness **5** scolding **6** ton of affection
7 expectation **8** would have been **9** most forgivable **10** that I didn't want
11 useful **12** that most benefited me

—¡Ay, hija! ¿Todos están bien?

—Sí, mamá, Efraín y Elisa están bien.

Es aquí donde metí la pata[1].

—Pero, sabes, mamá, si hubiera tenido[2] un celular, te habría podido[3] llamar...

—Ay, hija, no sabes cuántas veces en estas últimas horas me he dicho[4] la misma cosa. Mañana mismo vamos a conseguirte uno.

Todo parecía ir por vía rápida directamente a mi deseo, pero entonces los hilitos de mi mentira[5] empezaron a desenredarse[6]

—¿No tenía Elisa su celular?

—No, mamá. El profesor Álvarez se lo quitó porque lo usó en la clase.

¿Por qué, por qué, por qué simplemente no le dije exactamente lo que había pasado[7], que la batería del celular de Elisa se había descargado? Ahora me parece ridículo pero, se los juro[8], en ese instante, perdí el volante[9] de la explicación, y mi mentira empezó a tomar vida propia[10].

—Entonces, ¿cómo pidieron ayuda?

Debería haber tomado[11] más tiempo para examinar mi respuesta antes de darla, pero la vacilación es la marca delatora[12] del mentiroso[13], así que contesté rápidamente y sin pensar.

—Se paró un policía a ayudarnos.

Con cada cosa que salía de mi boca, me hundía cada vez más[14].

1 where I blew it   2 if I'd had   3 I would have been able to   4 I have told myself
5 little threads of my lie   6 unravel   7 what had happened   8 I swear   9 lost control
10 to take on a life of its own   11 I should have taken   12 incriminating   13 liar
14 I got deeper into trouble

Mientras lees

H. Jessica usa la llanta desinflada como excusa para pedirle algo a su madre. ¿Qué es lo que realmente quiere?

I. Según Jessica, ¿por qué no tenía Elisa su celular?

J. Según Jessica, ¿cómo consiguieron ayuda?

Capítulo 7   55

K. ¿Por qué quiere la mamá de Jessica el nombre del policía que supuestamente los ayudó?

—¡Qué buena suerte! Mañana voy a llamar a darle personalmente las gracias y también voy a llevarle unas galletas de Navidad. ¿Te acuerdas cómo se llamaba?

—No, mamá, nunca nos dio su nombre... de veras, no es necesario, yo le di las gracias varias veces...

—No importa. En la comisaría[1] me podrán[2] decir quién fue.

Jaque mate[3]. ¿Cómo me iba a salir de este lío que se iba agrandando[4] a cada segundo?

—Y también voy a llamar a la mamá de Elisa para preguntarle cuál modelo y qué servicio de celular le compraron a Elisa.

Hice lo que hubiera hecho[5] desde el principio: me quedé callada.

—Anda, hija, es tarde. Acuéstate. ¿Quieres que te traiga[6] una galleta y un vaso de leche antes de acostarte?

Me estaba ahogando[7] en el *tsunami*[8] de culpabilidad que sacudía[9] mi conciencia.

—Sí, mamá, gracias. En mi cuarto, prendí la computadora y encontré la siguiente nota en mi buzón[10] electrónico.

L. ¿A quién más va a llamar la mamá de Jessica? ¿Por qué?

M. ¿Qué encuentra Jessica en su buzón electrónico?

Jessica,

Adjunto[11] te envío «Un problema de aritmética» de Gabriel García Márquez. Una pequeña mentira puede crear un problema gigante, como les pasa a los padres del niño en el cuento.

Sinceramente,

El Poetaman

1 police station   **2** they will be able   **3** Checkmate (a chess term)   **4** was getting bigger
5 I did what I should have done   **6** Do you want me to bring you. . . ?   **7** I was drowning
8 tidal wave (Japanese)   **9** that was shaking   **10** mail box   **11** Attached

Acababa de leer el cuento de García Márquez cuando entró mamá a mi cuarto sin que me diera cuenta[1]. Me estaba riendo.

—Hija, ya sabes que «el que solo se ríe, de sus maldades[2] se acuerda».

—Sí, mamá. A propósito, tengo algo que decirte... Siéntate, por favor.

Se lo expliqué todo desde el principio y le pedí perdón por haber usado la llanta desinflada para convencerla de que me comprara[3] un celular. Las dos estábamos muy cansadas así que quedamos en que hablaríamos[4] más sobre el castigo[5] justo y apropiado al día siguiente.

Mientras lees

N. ¿Qué le dice la mamá a Jessica cuando la encuentra riéndose sola en su cuarto?

O. ¿Qué decide hacer Jessica después de leer el cuento de García Márquez?

Cuando salió mamá de mi cuarto, noté que la galleta que me había traído[6] tenía la forma de un ángel, la galleta de Navidad más sabrosa[7] que jamás había probado[8] en toda mi vida.

P. ¿Qué le deja la mamá a Jessica en su cuarto?

Q. ¿Qué dice Jessica de la galleta?

1 without my noticing   **2** bad deeds   **3** to convince her to buy. . . for me   **4** we arranged that we would talk   **5** punishment   **6** that she had brought for me   **7** delicious   **8** that I had ever tasted

Después de leer

Actividades

1 ¡Dime algo más!

Escoge el trozo del cuento «**El que solo se ríe...**» que más te guste y expresa tus reacciones oralmente. Puedes hacer predicciones, comentarios, preguntas o conexiones.

> **MODELO:** **Conexión y predicción:**
>
> **Cuando llego tarde a casa, mis padres se enojan conmigo. Creo que los padres de la narradora la van a castigar por llegar tarde.**

2 En aquellos tiempos

La mamá de Jessica le explica cómo era la vida cuando ella era niña. ¿Qué le dice? Escribe oraciones completas usando el imperfecto.

1. no haber / teléfonos celulares

2. no existir / las computadoras personales

3. (nosotros) no tener / televisores a color

4. ser / muy importante / obedecer a los padres

5. mis padres / castigar (a nosotros) / si (nosotros) llegar tarde a casa

3 Orden cronológico

Elisa escribe en su diario todo lo que pasó el día que fue al *mall* con Jessica y Efraín. Primero, escribe las oraciones completas y luego, ponlas en orden cronológico. Presta atención al uso del pretérito y el imperfecto.

1. ____ (nosotros) / tener una llanta desinflada / cuando ir a casa

2. ____ yo / querer ir / a la Tienda del Celular

3. ____ (yo) explicarle / todo / a mamá

4. ____ Elisa / enojarse / cuando / ver / a Camilo con Rosalinda

5. ____ (yo) ir a mi cuarto / y / prender / la computadora

6. ____ ser / las nueve y media / cuando / (yo) llegar / a casa

7. ____ cuando (nosotros) llegar al *mall* / Efraín / tener hambre

8. ____ (yo) pensar que / mamá estar enojada conmigo, / pero / no lo estar

9. ____ haber / una nota de El_Poeta.man / en mi buzón electrónico

10. ____ ese día / (yo) ir / al *mall* / con Elisa y Efraín

11. ____ (yo) no decirle / toda la verdad / a mi mamá

4 Comparaciones

Escribe seis comparaciones entre los personajes de los cuentos que has leído[1] hasta este momento. ¿Cómo son? Consulta los Capítulos 1, 3 y 5 para buscar ideas sobre sus personalidades. Usa las comparaciones **más que, menos que, tan... como** y **tanto como** y el siguiente vocabulario:

aventurero(a)   conversador(a)[2]   solitario(a)   impaciente

consentido(a)[3]   egoísta   bondadoso(a)[4]

MODELO: **Elisa es más egoísta que Jessica.**
Elisa es tan conversadora como Efraín.

| Elisa | Jessica | Efraín | la mamá de Jessica | el profesor Álvarez | Camilo |

5 El que solo se ríe de sus maldades se acuerda

¿Alguna vez hiciste alguna travesura[5] o algo por lo cual tus padres te castigaron[6]? Escribe un cuento que describa esa situación.

- ¿Qué hiciste?
- ¿Cómo reaccionaron tus padres?
- ¿Cómo solucionaste el problema?
- ¿Qué pasó al final?

MODELO: **Eran las seis de la mañana. Ese día tenía un examen de álgebra muy difícil. No estudié lo suficiente y...**

. . . .

1 you have read   **2** talkative   **3** spoiled   **4** kind   **5** mischievous deed   **6** punished

Un poco más...

1 **En aquel entonces**

¿Qué hacían los personajes del cuento cuando eran niños? Para cada personaje, escoge por lo menos tres actividades de la lista (o invéntalas). Luego, usando el imperfecto, escribe oraciones completas desde el punto de vista[1] del personaje que escogiste.

MODELO: **Profesor Álvarez:** **Cuando era niño, leía muchas novelas de misterio.**

jugar al ajedrez[2]   hacer galletas de Navidad   ir al colegio a pie

tener una bicicleta   ver fútbol en la tele

escribir en mi diario todos los días   ir a la biblioteca

inventar amigos imaginarios para hablar por teléfono con ellos

ir al *mall* a las tiendas de juguetes   ¿...?

---

1 point of view   **2** chess

Capítulo

8 *Antes de leer*
Un problema de aritmética

Estrategia

La palabra principal Ésta es una estrategia útil porque ayuda al lector a identificar el tema de una lectura. El lector divide el texto en fragmentos o párrafos, y escoge palabras claves, o sea, las palabras que parecen contener el mensaje que quiere comunicar el autor. Al usar esta estrategia el lector aprende a identificar la idea principal de un texto y a hacer inferencias y generalizaciones.

Actividad

El primer párrafo

Lee el primer párrafo del cuento «**Un problema de aritmética**» de Gabriel García Márquez y escoge las palabras que en tu opinión son las más importantes. Luego, en grupos de tres o cuatro, expliquen su elección y contesten las preguntas que siguen.

> «Como en los sueños en que se encuentra una moneda y se siguen encontrando[1] indefinidamente hasta cuando se despierta con el puño apretado[2] y la desolada sensación de haber estado[3] por un segundo en el paraíso de la fortuna, un niño de la ciudad ha escrito[4] al Niño Dios[5] pidiéndole, para las Navidades, no uno ni dos, sino trescientos mil triciclos[6]. Es, en realidad, una cantidad fabulosa, de esas que ya no se encuentran en el mundo».

1. ¿Te ayudó el título a decidir cuáles son las palabras principales del texto?
2. ¿Por qué crees que las palabras que escogiste son las más importantes?
3. Basándote en las palabras principales que escogiste, ¿de qué crees que se va a tratar el cuento? ¿Por qué?
4. ¿Escogieron tus compañeros palabras que no escogiste tú? ¿Qué explicación dieron?
5. ¿Cambiaste de opinión después de oír las explicaciones de tus compañeros? ¿Por qué sí o por qué no?

---

1 keeps on finding **2** tight fist **3** of having been **4** has written **5** Christ Child **6** tricycles

Un problema de aritmética

Sobre el autor

Gabriel García Márquez (1928–) nació en Aracataca, Colombia, pequeño pueblo de la costa del Caribe y vivió allí hasta los ocho años. Antes de dedicarse a la literatura, cursó estudios de leyes[1] en las universidades de Bogotá y Cartagena, pero los dejó para ser periodista. Trabajó como corresponsal[2] para periódicos de Cartagena, Barranquilla y Bogotá. Ha vivido[3] por todo el mundo en ciudades como París, Barcelona, México, Nueva York y Roma. Estudió dirección cinematográfica y por un tiempo se ganó la vida[4] escribiendo guiones cinematográficos en México. Escritor prolífico, entre sus obras se encuentran *La hojarasca* (1955), *Crónica de una muerte anunciada* (1981), *El amor en los tiempos del cólera* (1985) y quizás su más famosa, *Cien años de soledad* (1967). En 1982, García Márquez recibió el Premio Nóbel de Literatura, lo cual le trajo atención y reconocimiento mundial[5] como uno de los grandes autores de la narrativa hispanoamericana.

A. ¿Quién escribió una carta?

B. ¿A quién le escribió la carta?

c. ¿Qué pide el niño en la carta? ¿Para qué ocasión?

Como en los sueños en que se encuentra una moneda y se siguen encontrando indefinidamente hasta cuando se despierta con el puño apretado y la desolada sensación de haber estado por un segundo en el paraíso[6] de la fortuna[7], un niño de la ciudad ha

escrito al Niño Dios pidiéndole, para las Navidades, no uno ni dos, sino trescientos mil triciclos. Es, en realidad, una cantidad fabulosa, de esas que ya no se encuentran en el mundo.

---

1 law   **2** correspondent   **3** he has lived   **4** made a living   **5** world-wide recognition
6 paradise   **7** fortune

Los padres del pequeño, explicablemente inquietos[1], me han mostrado[2] la carta. Es una carta concisa, directa, que apenas alcanza a ocupar[3] la parte superior de la hoja y que dice textualmente: "Mi querido Niño Dios: Deseo que el veinticinco me pongas[4] trescientos mil (300.000) triciclos. Yo me he portado bien[5] durante todo el año."

Lo alarmante es que los padres de esta criatura excepcional, dicen que, en su opinión, ningún niño merece[6] tanto ser atendido, por su buen comportamiento[7], como este que ahora, por lo visto, aspira a ser el más grande y acreditado comerciante mayorista de triciclos en la tierra. Acaba de cumplir los seis años y durante todos los días se ha estado levantando[8] formalmente a las seis, yendo al baño por sus propios pies, lavándose los dientes con escrupulosidad, asistiendo a la escuela sin que haya habido[9] ninguna queja[10] contra él, comiendo todo lo que se le sirve con ejemplar compostura, elaborando sus tareas sin ayuda de nadie, hasta las nueve, y retirándose al lecho[11] después de haber dado[12] las más cordiales buenas noches a sus padres. Un comportamiento francamente sospechoso[13].

Mientras lees

D. ¿Cómo es la carta?

E. ¿Por qué cree el niño que merece lo que pide?

F. ¿Cuántos años tiene el niño?

G. ¿Qué cosas hace el niño que demuestran su buen comportamiento?

---

1 worried   **2** have shown me   **3** that barely takes up   **4** you bring me   **5** I have behaved well   **6** deserves   **7** behavior   **8** has been getting up   **9** without there having been   **10** any complaint   **11** bed   **12** having given   **13** suspicious

Mientras lees

H. ¿Tiene hermanos el niño?

I. ¿Qué pidió el niño para las Navidades el año anterior?

J. ¿Trataron de conseguir sus padres el regalo que él quería?

K. ¿Qué regalo recibió el niño?

L. ¿Qué decía la nota que venía con el regalo?

Hijo único[1] de un modesto matrimonio local, éste, en opinión de sus padres, sufrió, en el transcurso de este año, una apreciable modificación en su carácter. El anterior pidió para las Navidades precisamente un triciclo. En casa se hicieron esfuerzos[2] casi sobrehumanos, se recurrió a todos los ahorros[3], pero no fue posible adquirir nada más que un par de patines[4].

Estratégicamente colocada[5], se dejó una carta del Niño Dios que decía: "No te daré[6] el triciclo porque varias veces te has levantado[7] tarde, en otras no has querido[8] bañarte, en otras no menos frecuentes te has quedado[9] jugando a la salida de la escuela. Y sobre todo, el trece de junio fuiste castigado[10] por no llevar la tarea de aritmética. Pórtate[11] mejor el año entrante. Por hoy, está bien con ese par de patines.

M. ¿Tuvo la nota el efecto deseado?

La cuestión debió surtir[12] el efecto deseado[13] porque el muchacho no volvió a cometer ninguna de las faltas de que se le acusaba. Su aplicación en aritmética, como se deduce fácilmente de las cifras que ha aprendido a concebir, ha sido verdaderamente excepcional. Y ahora, después de una larga y paciente espera, cumplida la dura prueba[14] de los trescientos sesenta y cinco días rutinarios, se ha sentido[15] lo suficientemente acreditado como para dar ese escalofriante[16] berrencazo[17]: ¡trescientos mil triciclos!

1 Only child **2** efforts **3** savings **4** roller skates **5** placed **6** I will not give you
7 you have gotten up **8** you have refused **9** you have stayed **10** you were punished
11 Behave **12** must have produced **13** expected **14** difficult trial **15** he has felt
16 chilling **17** blow

Mientras lees

N. Según el escritor, ¿tiene el niño el derecho a esperar los trescientos mil triciclos?

O. ¿Están de acuerdo los padres?

¿Pero es que hay en los almacenes del país semejante cantidad[1] de triciclos? Sus padres dicen estar en condiciones de adquirir uno y hasta dos. Pero no encuentran a qué recursos de prestidigitación[2] acudir[3] para hacerse a los doscientos noventa y nueve mil novecientos noventa y ocho triciclos restantes[4]. "¡Si siquiera hubiera[5] dejado de lavarse la boca un día!", ha dicho[6] la madre. "¡Si siquiera me hubiera sido formulada[7] una queja en la escuela!", ha dicho el padre. Pero el niño, seguro de su invulnerabilidad, ha calculado y madurado la cifra casi con premeditada alevosía[8]. Tiene derecho a esperar los trescientos mil triciclos. Y sus padres lo saben.

Nota cultural

¿Sabías que...?

¿Notaste que el niño del cuento le escribió su carta de Navidad al Niño Dios, no a Santa Claus? En algunos países latinoamericanos, cuyas[9] poblaciones son en su mayoría católicas, es la costumbre[10] pedirle los regalos de Navidad al Niño Dios. En tiempos más recientes, Santa Claus también se ha vuelto[11] parte de las celebraciones navideñas de Latinoamérica, aunque el aspecto religioso sigue siendo[12] de mayor importancia.

....

1 such an amount   **2** conjuring methods   **3** to turn to   **4** remaining   **5** If he had at least   **6** has said   **7** I had been given   **8** malicious aforethought   **9** whose   **10** custom   **11** has become   **12** continues to be

Después de leer
Actividades

Dos palabras

En tu opinión, ¿cuáles son las dos palabras más importantes del cuento «**Un problema de aritmética**»? Completa el siguiente cuadro con ejemplos del texto que respalden[1] tu elección. Basándote en las palabras que escogiste, ¿cuál crees que es la idea principal del cuento?

Palabras importantes	Importancia de esta palabra en el texto
1.	
2.	

¿Qué dijeron?

Imagínate que las siguientes personas, después de leer «**Un problema de artimética**», te dijeron algo sobre el niño del cuento y su carta al Niño Dios. Escribe lo que te dijeron.

Modelo: **El profesor de aritmética me dijo que el niño es muy bueno para los números.**

1. el profesor de aritmética del niño
2. el narrador del cuento
3. la madre del niño
4. el padre del niño
5. el gerente[2] del almacén que vende triciclos
6. el niño mismo[3]

. . . .

1 that support   **2** manager   **3** himself

3 300.000 triciclos

Ahora el niño del cuento es adulto y le cuenta a una amiga lo que pasó el año que le pidió trescientos mil triciclos al Niño Dios. Escribe el diálogo entre los dos.

MODELO: Él: **Sabes, cuando yo tenía seis años, le pedí trescientos mil triciclos al Niño Dios.**

Ella: **¿De veras? Y ¿qué pasó?**

Él: **Pues...**

4 Cuando era niño(a)

Escribe seis oraciones usando el imperfecto para describir tu vida cuando eras niño(a). Puedes usar los verbos de la lista, o puedes usar tus propias ideas.

MODELO: **Cuando era niña, yo le escribía cartas largas a Santa Claus.**

escribirle a Santa Claus

pedir... para las Navidades

portarse[1] bien/mal

lavarse los dientes todos los días

hacer la tarea sin ayuda[2] de nadie

jugar después de salir de la escuela

¿...?

5 La carta

Escríbeles una carta a tus padres pidiéndoles lo que quieres para la Navidad, o para tu cumpleaños o para otra ocasión en que se dan regalos en tu familia. Diles por qué tú crees que mereces lo que pides. Da ejemplos de tu comportamiento ejemplar.

. . . .

1 to behave **2** without help

Un poco más...

1 ## Celebraciones del mundo hispano
¿Puedes emparejar el dibujo con la celebración de la lista?

1.

2.

3.

4.

5.

6.

7.

8.

a. La Navidad

b. Las Pascuas

c. El Día de los Muertos

d. El Día del Amor y la Amistad

e. El Año Nuevo

f. El Día de la Raza

g. El Día de la Madre

h. El Día del Padre

2 ## Investigación en Internet
Escoge una de las celebraciones de la actividad anterior y haz una investigación en Internet sobre esa celebración en uno de los países hispanos. ¿Cuáles son las costumbres en ese país? ¿Cómo se comparan con las costumbres en los Estados Unidos? ¿Hay alguna costumbre que te parece rara o interesante? ¿Te gustaría celebrar ese día festivo como lo hacen en ese país? ¿Por qué sí o por qué no? Presenta tus ideas a la clase.

Capítulo

9 *Antes de leer*

Amor estilo Hollywood

Estrategia

Cambia la forma del texto En esta estrategia, el lector vuelve a escribir el texto que leyó, pero lo hace usando la forma que él cree que funciona mejor[1] según el texto. Por ejemplo, se puede volver a escribir un cuento de amor como una carta o como un poema. De esta manera, el lector tiene que leer el texto cuidadosamente e interpretar las intenciones del autor. Los textos se pueden reformular de varias formas:

- obras de teatro → cuentos, historietas[2], cartas o entrevistas
- poemas → cuentos o cartas
- cuentos → obras de teatro, artículos de periódico o guiones para la radio o la televisión
- ensayos[3] o biografías → cuentos
- diarios o autobiografías → obras de teatro

Actividad

Una carta o un diario Para entender mejor el primer párrafo de **«Amor estilo Hollywood»,** vuelve a escribirlo en forma de carta o de diario.

«La primera vez que lo vi, fíjate que no me pareció gran cosa. Lo saludé[4] solamente porque estaba parado junto a Camilo Obregón, deportista por excelencia y rompecorazones[5] en general. Cautivar la atención de Camilo es lo que yo, junto con todas las otras muchachas de mi clase, menos Jessica, quien está enamorada de[6] sus libros y quien aparentemente tiene otro cerebro[7] en el pecho en vez de corazón, anhelamos[8] conseguir día tras día, encuentro tras encuentro[9], mirada tras mirada. Claro que, algunas de nosotras lo intentamos con más sutileza[10] y gracia que otras».

---

1 works better   **2** cartoons   **3** essays   **4** I greeted him   **5** heart breaker   **6** in love with   **7** brain   **8** we desire
9 encounter   **10** subtlety

Mientras lees

A. ¿Quién crees que es la narradora?

B. ¿La atención de quién quieren cautivar todas las chicas del colegio?

Amor estilo Hollywood

La primera vez que lo vi, fíjate que no me pareció gran cosa. Lo saludé solamente porque estaba parado[1] junto a Camilo Obregón, deportista por excelencia y rompecorazones en general. Cautivar[2] la atención de Camilo es lo que yo, junto con todas las otras muchachas de mi clase, menos Jessica, quien está enamorada de sus libros y quien aparentemente tiene otro cerebro en el pecho en vez de corazón, anhelamos conseguir día tras día, encuentro tras encuentro, mirada[3] tras mirada. Claro que, algunas de nosotras lo intentamos con más sutileza y gracia que otras.

Esa noche en el gimnasio iba a haber un baile de victoria (no cabía la menor duda[4] que íbamos a ganar) después del último partido de la temporada[5] de los Jaguares, nuestro equipo estelar[6] de básquetbol, campeones de la región y héroes del pueblo, hábilmente dirigidos[7] a la victoria y la gloria por su talentoso y carismático capitán, un Camilo Obregón, conquistador[8] de todos sus rivales en la cancha y de todos los corazones en su recinto[9]. ¿Es obvio que le tenía un poco de afecto[10]?

1 he was standing   2 To captivate   3 look   4 there was no doubt   5 season
6 all-star team   7 skillfully led   8 conqueror   9 surroundings   10 affection

En mis sueños[1] dormida y despierta había formulado una trama[2] precisa y cinemática que finalmente me llevaría a los brazos de Camilo, héroe valiente en retorno a su pueblo, perdido entre las masas, en busca de la única victoria que hasta ese momento todavía lo elude, un amor verdadero y duradero con la única persona que tiene la capacidad de entenderlo. Para un hombre sin igual[3], una mujer sin igual. En un momento nuestras miradas se cruzan a través del gimnasio, él se aparta de la multitud de sus admiradoras[4], y lucha para cerrar la distancia que nos separa. Al llegar a mi lado, me toma de la mano y me saca a bailar[5], la princesa Elisa con su príncipe Camilo, por fin juntos y unidos contra el mundo insensato e incomprensivo.

La verdad fue otra. Las chicas lo rodeaban como las moscas[6] rodean a la comida destapada en un *picnic*. Traté de acercarme[7] a su lado pero fue inútil[8]. Era peor que penetrar un círculo de guardaespaldas[9] de la CIA que romper las paredes de la fortaleza[10] creada por sus admiradoras.

Mientras lees

E. ¿Qué siente Elisa por el capitán de los Jaguares?

F. ¿Tiene Elisa una idea realista o poco realista de Camilo? Explica.

G. ¿Por qué no puede Elisa acercarse a Camilo?

1 dreams   2 I had developed a plot   3 without equal   4 moves away from his many admirers   5 asks me to dance   6 surrounded him like flies   7 to draw closer   8 useless   9 bodyguards   10 fortress

No soy la clase de chica que se da por vencida[1] al primer encuentro con dificultades; al contrario, simplemente tomo en cuenta los detalles de la situación y cambio de estrategia. Me escapé del remolino[2] de actividad y me fui a sentar a un lado para evaluar las posibilidades. ¿Cómo atraer[3] su atención?

Estaba contemplando mi situación cuando mi versión del amor estilo Hollywood empezó a hacerse realidad. Se apartó la multitud y vi a Camilo caminando hacia[4] mí con cara y paso determinado. Me enderecé[5], me arreglé[6] el pelo con la mano izquierda y en mi cara compuse la sonrisa[7] más sincera y atractiva que era posible componer bajo las circunstancias nada ideales del gimnasio. Sin mucho trabajo, todo iba conforme[8] a mi gran plan. Me sentía satisfecha[9] y lista para desempeñar mi papel[10] de valiente y digna heroína.

---

1 who gives up   2 whirlpool   3 to attract   4 towards   5 straightened up   6 fixed
7 smile   8 was going according   9 satisfied   10 to play my role

En su deseo[1] ferviente de llegar a lo que yo creía era mi lado, Camilo me pisó[2] el pie y derramó[3] su refresco en la manga de mi blusa nueva. Estaba lista para perdonarle cuando me di cuenta que él ni siquiera se había fijado[4] en su torpeza[5] porque todavía estaba resueltamente avanzando hacia su destino[6] deseado: Rosalinda Superlinda Monsevalles. (Así le decían los chicos por su belleza[7] sobrenatural.)

Mientras lees

J. ¿Qué hace Camilo cuando pasa junto a Elisa? ¿Se disculpa Camilo por su torpeza?

K. ¿Hacia quién se dirigía Camilo?

L. ¿Quién le trae toallas de papel a Elisa para secarle la manga del vestido?

Tampoco soy de las que se empeñan[8] en conseguir lo que quieren a cualquier costo. Antes de que tuviera tiempo[9] para recobrar el equilibrio, estaba a mi lado un chico alto con unas toallas de papel para secarme la manga. Era la segunda vez que lo había visto[10] pero esta vez la impresión que tuve de él fue distinta.

1 desire 2 stepped on 3 spilled 4 he had not even noticed 5 clumsiness
6 destination 7 beauty 8 one who persists 9 before I had time 10 I had seen him

—Ten.

Me dio las toallas y con mucha gentileza[1] me dirigió[2] a un sitio menos concurrido[3].

—Gracias.

—De nada, Elisa.

—¿Cómo sabes mi nombre?

—¿Quién no lo sabe?

Me sentí un poco avergonzada[4] porque yo no sabía el suyo[5]. Notó mi confusión y se rió[6] un poquito, pero no muy fuerte.

—Rolando. Rolando Montemayor, mucho gusto. Me extendió la mano y cuando le di la mía, la besó[7] suavemente y la devolvió[8] a mi lado.

—El gusto es mío, Rolando.

Nos quedamos hablando[9] por varias horas. Hablamos de los Jaguares, de nuestras clases y maestros más y menos favoritos, de películas que nos gustaban y que no nos gustaban, de nuestros CDs y artistas preferidos. Me hizo olvidar la manga mojada[10] y la uña morada[11] de mi pie izquierdo.

M. ¿Cómo se llama el chico?

N. ¿De qué se olvida Elisa al estar con Rolando? ¿Por qué?

1 kindness   2 he led me   3 crowded   4 embarrassed   5 his   6 he laughed
7 he kissed it   8 returned it   9 We talked   10 wet sleeve   11 bruised toenail

En algún momento vi a Camilo dirigir a Rosalinda Superlinda de la mano a la pista de baile[1]. Solamente horas antes, verlo con ella me hubiera molestado[2] bastante. Pero con Rolando a mi lado, no me importó[3] para nada.

Cuando llegué a casa fui directamente al diario que mantengo en la computadora. Quería anotar[4] mis impresiones de la noche: la vida nunca sale[5] como uno se la imagina en sus sueños. En mi buzón electrónico estaba la siguiente nota.

> Elisa:
> El amor no es como en las películas. Lee los siguientes poemas: «Estar enamorado» de Francisco Luis Bernárdez, «Hombre pequeñito» de Alfonsina Storni y «Poema 20» de Pablo Neruda.
> Sinceramente,
> El_Poetaman

0. ¿Fue esa noche peor o mejor de lo que Elisa esperaba? ¿Por qué?

1 dance floor   **2** would have bothered me   **3** it didn't matter   **4** I wanted to write down   **5** turns out

Después de leer
Actividades

 Vuelve a escribir el texto

Ahora que has leído[1] el cuento **«Amor estilo Hollywood»,** vuelve al texto que escribiste en la sección **Antes de leer** y contesta las siguientes preguntas.

1. ¿Puedes añadirle[2] más detalles a tu texto? ¿Qué detalles te gustaría añadir?

2. ¿Por qué crees que el género[3] que escogiste es el mejor para destacar[4] los sentimientos[5] de la narradora? ¿Hay otro que te gustaría usar?

3. ¿Qué piensas de la narradora y su actitud sobre el amor?

4. Ahora, vuelve a escribir el texto. Puedes seguir con tu primer borrador de **Antes de leer,** o puedes empezar de nuevo[6].

 ¿Cómo llego a la casa de Elisa?

Rolando necesita direcciones para llegar a la casa de Elisa. Estudia el mapa y dale direcciones precisas[7] para que llegue[8] a tiempo.

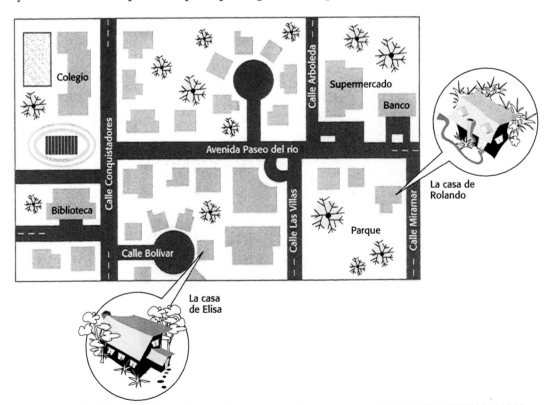

La casa de Rolando

La casa de Elisa

---

1 you have read **2** add **3** genre **4** to emphasize **5** feelings **6** again **7** exact **8** for him to arrive

3 De compras

Para su primera cita con Rolando Elisa quiere lucir[1] muy bonita. Jessica la acompaña a la tienda de ropa para comprar un vestido nuevo. Escribe el diálogo entre ellas y la dependiente de la tienda. Puedes tener en cuenta las siguientes preguntas:

- ¿Adónde van a ir ella y Rolando en su primera cita?
- ¿Qué talla usa Elisa?
- ¿Qué clase de conjunto[2] busca?
- ¿Qué clase de zapatos quiere llevar?

- ¿Qué se prueba y cómo le queda?
- ¿Qué está en oferta?
- ¿Qué le sugiere Jessica que compre[3]?
- ¿...?

4 Una cita estilo Hollywood

¿Alguna vez te has imaginado[4] la cita perfecta con alguien pero cuando sales con él o ella la situación no es nada como te la imaginaste? Puede haber salido[5] mejor o peor de lo que te imaginabas. Escribe una comparación de tu versión ideal y la versión de la vida real. Describe con mucho detalle las diferencias entre las dos versiones.

- -

1 to look **2** outfit **3** that she buy **4** Have you ever imagined. . . ? **5** It may have turned out

Un poco más...

1 Charlas en la tele

A veces, en los programas de entrevistas, los amigos o familiares hablan de sus relaciones[1] o sus problemas amorosos. En grupos de seis, escriban un guión[2] para un programa de entrevistas básandose en los cuentos sobre Elisa, Efraín y Jessica.

Primero, escojan quiénes van a hacer los siguientes papeles:

- el entrevistador/la entrevistadora

- Elisa   • Efraín   • Jessica   • Camilo   • Rolando

Después, escriban la lista de preguntas que el (la) entrevistador(a) va a hacerles a los cinco personajes. Las preguntas deben tener en cuenta las situaciones particulares[3] de cada personaje. (Por ejemplo, Efraín quiere a Jessica pero ella no lo sabe. Jessica es muy trabajadora y casi no se da cuenta que existen los chicos. Camilo insultó a Elisa sin querer, etc.) Piensen muy bien en los sentimientos de los personajes que están representando y los motivos que estos personajes tienen para presentarse en un programa de entrevistas.

Ahora, si quieren, practiquen una o dos veces antes de presentar el programa de entrevistas en frente de la clase.

. . . .

1 relationships   **2** script   **3** specific

Capítulo

10 *Antes de leer*
Tres poemas

Estrategia

Pistas logográficas A veces los escritores, especialmente los poetas, usan figuras literarias para ilustrar su punto de vista. El poeta puede pensar en el amor como algo que lo hace sentirse atrapado[1] y entonces puede referirse a éste como una cárcel[2]. Por el contrario, si el amor le hace sentirse liberado, puede describirlo como la llave que abre esa cárcel. Hacer dibujos de esas figuras literarias ayuda al lector a interpretar el mensaje que el escritor quería expresar.

Actividad

Las imágenes Los siguientes versos vienen de los poemas sobre el amor que vas a leer en este capítulo. Empareja los versos con las imágenes que mejor les correspondan.

1. «Hombre pequeñito, hombre pequeñito, suelta a tu canario que quiere volar...»

2. «Es ocupar un territorio donde conviven[3] los perfumes y las armas».

3. «¡Qué importa que mi amor no pudiera guardarla[4]! La noche está estrellada y ella no está conmigo».

4. «Es percibir en el desierto la cristalina voz de un río que nos llama».

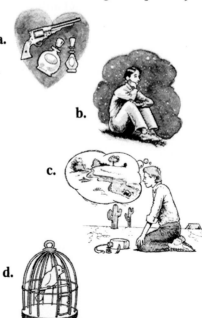

a.

b.

c.

d.

---

1 trapped **2** jail **3** coexist **4** couldn't keep her

Estar enamorado
por Francisco Luis Bernárdez

Sobre el autor

Francisco Luis Bernárdez nació en Buenos Aires, Argentina el 5 de octubre de 1900. A los veinte años interrumpió sus estudios universitarios para viajar a Galicia, España, el país de sus padres. Este viaje le cambió la vida. En España pasó cuatro años trabajando como periodista y haciendo amistad con poetas españoles, y fue allí donde publicó su primer libro, *Orto*, a los veintidós años. Al volver a Argentina escribió para el diario *La Nación* y colaboró en la revista *Martín Fierro* con un grupo de escritores interesados en la renovación de la literatura argentina. Su poesía se destaca por la forma clásica, el tono religioso y una lírica profunda. Antes de morirse en 1978 publicó más de una docena de libros.

A. ¿Qué piensa el poeta sobre el amor? ¿Es un sentimiento positivo? Da ejemplos del poema.

B. ¿En dónde está cautiva el alma antes de enamorarse?

C. ¿Con qué se compara el amor que da libertad al alma?

D. ¿A qué clase de «heridas» crees que está refiriéndose el narrador?

1   Estar enamorado, amigos, es encontrar el nombre justo
    de la vida.

Es dar al fin con la palabra que para hacer frente a la
    muerte[1] se precisa.

Es recobrar la llave oculta que abre la cárcel en
    que el alma[2] está cautiva.

Es levantarse de la tierra con una fuerza que
    reclama desde arriba.

5   Es respirar el ancho viento que por encima de la carne
    se respira.

Es contemplar desde la cumbre[3] de la persona la razón
    de las heridas[4].

Es advertir[5] en unos ojos una mirada verdadera que
    nos mira.

Es escuchar en una boca la propia voz profundamente
    repetida.

Es sorprender en unas manos ese calor de
    la perfecta compañía.

10   Es sospechar[6] que, para siempre, la
    soledad[7] de nuestra sombra[8] está
    vencida[9].

1 to face up to death **2** soul **3** pinnacle **4** wounds **5** to perceive **6** to suspect **7** loneliness **8** shadow **9** is defeated

Estar enamorado, amigos, es descubrir
  dónde se juntan[1] cuerpo y alma.

Es percibir en el desierto la cristalina
  voz de un río que nos llama.

Es ver el mar desde la torre donde ha
  quedado[2] prisionera nuestra infancia.

Es apoyar los ojos tristes en un paisaje
  de cigüeñas[3] y campanas[4].

15

Es ocupar un territorio donde
  conviven[5] los perfumes y las armas[6].

Es dar la ley a cada rosa y al mismo tiempo
  recibirla de su espada.

Es confundir[7] el sentimiento con una hoguera[8]
que del pecho se levanta.

Es gobernar la luz del fuego y al mismo tiempo ser esclavo[9]
  de la llama[10].

Es entender la pensativa conversación del
  corazón y la distancia.

20 Es encontrar el derrotero[11] que lleva al reino
  de la música sin tasa[12].

Estar enamorado, amigos, es adueñarse[13] de las noches
  y los días.

Es olvidar entre los dedos emocionados la cabeza
  distraída.

Es recordar a Garcilaso cuando se siente la canción de
  una herrería.

Es ir leyendo lo que escriben en el espacio las primeras
  golondrinas.[14]

25

Es ver la estrella de la tarde por la
  ventana de una casa campesina.

Es contemplar un tren que pasa
  por la montaña con las luces
  encendidas.

. . . .

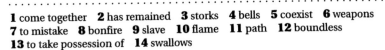

1 come together   **2** has remained   **3** storks   **4** bells   **5** coexist   **6** weapons
7 to mistake   **8** bonfire   **9** slave   **10** flame   **11** path   **12** boundless
13 to take possession of   **14** swallows

Mientras lees

E. ¿Por qué crees que el poeta compara el estar enamorado con la idea de encontrar agua en un desierto?

F. Según el poema al estar enamorado se tienen ideas y sentimientos contradictorios, por ejemplo **pena y alegría.** ¿Puedes encontrar otras tres oposiciones de ideas o de sentimientos en esta parte del poema?

G. ¿Incluye el poeta imágenes negativas o agridulces del amor? Da uno o dos ejemplos.

Mientras lees

H. En tu opinión, ¿es triste o alegre el significado del siguiente verso: «Es divisar en las tinieblas del corazón una pequeña lucecita»? Explica.

I. Según el poema, ¿cómo puede el amor transformar la manera de ver el mundo?

J. ¿Crees que el poeta estaba enamorado cuando escribió este poema? ¿Por qué crees eso?

Es comprender perfectamente que no hay fronteras entre
  el sueño y la vigilia[1].

Es ignorar en qué consiste la diferencia entre la pena[2]
  y la alegría.

Es escuchar a medianoche la vagabunda confesión de
  la llovizna.

30 Es divisar en las tinieblas[3] del corazón una pequeña lucecita[4].

Estar enamorado, amigos, es padecer[5] espacio
  y tiempo con dulzura.

Es despertarse una mañana con el secreto de
  las flores y las frutas.

Es libertarse de sí mismo y estar unido con las
  otras criaturas.

Es no saber si son ajenas[6] o si son propias las
  lejanas amarguras[7].

35 Es remontar hasta la fuente las aguas turbias del
  torrente de la angustia.

Es compartir la luz del mundo y al mismo tiempo
  compartir su noche obscura.

Es asombrarse[8] y alegrarse de que la luna
  todavía sea luna.

Es comprobar[9] en cuerpo y alma que la tarea
  de ser hombre es menos dura.

Es empezar a decir *siempre* y en adelante[10]
  no volver a decir *nunca*.

40 Y es además, amigos míos, estar seguro de tener
  las manos puras.

---

1 wakefulness   2 sorrow   3 darkness   4 light   5 suffer   6 belonging to someone
else   7 bitterness   8 to be surprised   9 to prove   10 from now on

Hombre pequeñito
por Alfonsina Storni

Sobre la autora

Alfonsina Storni nació el 22 de mayo de 1892 en un pueblo en Suiza pero vivió con su familia en Argentina desde la edad de cuatro años. Por su interés en la literatura, siguió una carrera en Educación y más tarde trabajó como maestra en Rosario, ciudad donde nació su hijo natural. Por la presión de ser madre soltera[1], se vio obligada[2] a mudarse a Buenos Aires en 1912 y allí, empezó a relacionarse con gente de sus mismos intereses en las llamadas «tertulias literarias»[3]. Publicó colecciones de versos como *El dulce daño* (1918), *Ocre* (1925) y *Mascarilla y trébol* (1938) por los cuales obtuvo grandes reconocimientos[4]. Alfonsina Stormi ha sido considerada[5] como una escritora feminista, quien exigía a través de su poesía un puesto justo[6] para la mujer en la sociedad no sólo de Argentina, sino de Latinoamérica en general. En 1935 le descubrieron un tumor de cáncer y tras operaciones sin éxito[7], Alfonsina Storni se suicidió[8], tirándose al mar, en 1938.

1   Hombre pequeñito, hombre pequeñito,
suelta[9] a tu canario que quiere volar...
yo soy el canario, hombre pequeñito,
déjame saltar.

5   Estuve en tu jaula[10], hombre pequeñito,
hombre pequeñito que jaula me das.
Digo pequeñito porque no me entiendes,
ni me entenderás[11].

    Tampoco te entiendo, pero mientras tanto[12]
10 ábreme la jaula, que quiero escapar;
hombre pequeñito, te amé media hora,
no me pidas más.

K. ¿Se presenta en este poema una imagen positiva del amor? ¿Y del hombre? Explica.

L. ¿Qué sentimientos expresa la narradora en este poema?

M. ¿A qué se compara la narradora del poema y qué quiere hacer?

N. ¿Está o estuvo enamorada la narradora? Explica.

---

1 single mother   **2** she was forced to   **3** literary discussion groups   **4** recognition
5 has been considered   **6** fair place   **7** unsuccessful surgeries   **8** comitted suicide
9 let go   **10** cage   **11** will understand   **12** in the meantime

Mientras lees

POEMA 20 de
Veinte poemas de amor y una canción desesperada
por Pablo Neruda

Sobre el autor

Pablo Neruda Ricardo Neftalí Reyes Basoalto nació el 12 de julio de 1904 en el pequeño pueblo de Parral, Chile. Desde muy temprano adoptó el seudónimo de Pablo Neruda y empezó a escribir poemas para el periódico *La Mañana*. En 1921 se trasladó a Santiago para estudiar Pedagogía Francesa y allí, a la edad de 19 años, publicó su primer libro, *Crepusculario* en 1923. Emprendió su carrera diplomática la cual le permitió vivir durante ocho años en Oceanía y Europa. Neruda escribió prolíficamente sobre el amor, la tierra y la vida cotidiana. Ganó el Premio Nóbel de Literatura en 1971 y murió en 1973, pocos días después del golpe de estado fascista en Chile.

O. ¿Cómo se siente el narrador del poema con respecto *(in regards to)* al amor?

P. ¿Escribe el poeta sobre un amor de su presente o de su pasado?

1   Puedo escribir los versos más tristes esta noche.

Escribir, por ejemplo: "La noche está estrellada[1], y tiritan[2], azules, los astros, a lo lejos".

El viento de la noche gira[3] en el cielo y canta.

5   Puedo escribir los versos más tristes esta noche.
Yo la quise[4], y a veces ella también me quiso.

En las noches como ésta la tuve entre mis brazos[5].
La besé[6] tantas veces bajo el cielo infinito.

Ella me quiso, a veces yo también la quería.
¡Cómo no haber amado[7] sus grandes ojos fijos!

Puedo escribir los versos más tristes esta noche.
Pensar que no la tengo. Sentir que la he perdido[8].

10

---

1 starry   **2** tremble   **3** spins   **4** I loved her   **5** I held her in my arms   **6** I kissed her
7 How could I not have loved her   **8** I have lost her

Oír la noche inmensa, más inmensa sin ella.
Y el verso cae al alma como al pasto[1] el rocío[2].

15   ¡Qué importa[3] que mi amor no pudiera guardarla!
La noche está estrellada y ella no está conmigo.

Eso es todo. A lo lejos alguien canta. A lo lejos.
Mi alma no se contenta con haberla perdido[4].

Como para acercarla[5] mi mirada la busca.
20   Mi corazón la busca, y ella no está conmigo.

La misma noche que hace blanquear[6]
    los mismos árboles.
Nosotros, los de entonces[7], ya no somos
    los mismos.

Ya no la quiero, es cierto, pero cuánto la quise.
Mi voz buscaba el viento para tocar su oído.

25   De otro. Será[8] de otro. Como antes de mis besos.
Su voz, su cuerpo claro. Sus ojos infinitos.

Ya no la quiero, es cierto, pero tal vez la quiero.
Es tan corto el amor, y es tan largo el olvido[9].

Porque en noches como ésta la tuve entre mis brazos.
30   mi alma no se contenta con haberla perdido.

Aunque éste sea el último
    dolor[10] que ella me causa,
y éstos sean los últimos
    versos que yo le escribo.

Mientras lees

Q. ¿Todavía quiere el narrador a su amada? ¿Cómo sabes?

R. ¿Cómo te hace sentir este poema?

---

1 pasture   2 dew   3 What does it matter   4 having lost her   5 bring her closer
6 whitens   7 the ones back then   8 She will belong   9 oblivion   10 grief

Capítulo 10

Después de leer
Actividades

Dibujos

Escoge dos figuras literarias del primer poema y haz un dibujo. Luego, debajo de cada dibujo escribe en un párrafo el por qué de lo que dibujaste.

¿Has oído?

Imagina que tú conoces a Efraín. Él te da más noticias sobre las relaciones entre Elisa y Rolando. Escribe un diálogo entre tú y él e incluye detalles sobre lo que pasó en el baile de victoria de los Jaguares y los últimos acontecimientos.

MODELO: Efraín: Oye, ¿has oído hablar de lo que pasó en el baile de victoria de los Jaguares?

Tú: No, cuéntamelo todo.

Hombre pequeñito

¿Qué crees que le pasó a la narradora del poema **«Hombre pequeñito»**? Describe en un cuento lo que crees que pasó entre los enamorados. Puedes tener en cuenta las expresiones y las preguntas que siguen a continuación.

Para empezar:	**Para continuar:**	**Para terminar:**
Érase una vez...	En seguida...	Al final...
Once upon a time. . .	*Right away. . .*	*Finally. . .*
Hace mucho tiempo...	De repente...	Así que...
A long time ago. . .	*All of a sudden. . .*	*So that's how. . .*
Se cuenta que...	Entonces...	En fin...
The story goes that. . .	*So then. . .*	*In short. . .*

- ¿Dónde se conocieron?
- ¿Qué tiempo hacía?
- ¿Adónde fueron en su primera cita? ¿De qué hablaron?
- ¿Por qué se sentía ella atrapada?
- ¿Cuánto tiempo duró la relación?
- ¿Cómo le explicó ella a él lo que ella sentía?
- ¿Cómo terminó ella la relación?

4 Estar enamorado(a)

Para ti, ¿qué significa estar enamorado(a)[1]? Estudia los siguientes versos del poema **«Estar enamorado»** de Francisco Luis Bernárdez. Luego, escribe en una oración lo que para ti significa estar enamorado(a).

> «Es comprobar en cuerpo y alma que la tarea de ser hombre es menos dura».

> «Es empezar a decir siempre y en adelante no volver a decir nunca».

5 Las comedias románticas

Las comedias románticas son muy populares en los Estados Unidos. Milliones de personas han visto películas como *You've Got Mail, Kate and Leopold* y *Sleepless in Seattle*. Piensa en tu comedia romántica preferida y haz una de las siguientes actividades:

- Escribe un poema de amor desde el punto de vista[2] de uno de los personajes de la película que escogiste.
- Escribe un diálogo en el que los dos personajes de la película se declaran su amor.
- Escribe un cuento que siga paso a paso la historia de amor entre los personajes principales de la película.

....

1 what does it mean to be in love?   **2** point of view

Un poco más...

1 Vuélvete poeta

Ahora te toca a ti ser poeta. Piensa en una imagen que describa[1] tus sentimientos hacia el amor de una manera original y creativa e inclúyela[2] en un breve poema de tu creación. Para empezar, puedes tener en cuenta las siguientes preguntas.

- ¿Cómo te hace sentir el amor?
- ¿Cuál etapa del amor quieres representar?
- ¿Quién es tu público[3]?
- ¿Puedes describir el escenario[4] de tu encuentro[5] con el amor?
- ¿Puedes usar elementos de la naturaleza[6] en tu poema? ¿Cuáles?
- ¿Qué clase de emoción quieres despertar en tu lector?

. . . .

1 that describes **2** include it **3** audience **4** scene **5** encounter **6** nature

11

Antes de leer
¿Quién es El_Poeta.man?

Estrategia

Un té En esta estrategia, que se debe hacer en grupo, cada persona recibe una tarjeta que contiene una cita[1] del texto que se va a leer. Cada persona le lee su cita a otra y viceversa y finalmente todo el grupo se reune para analizar el significado de las citas, pensar en como se relacionan las unas con las otras[2] y hacer predicciones sobre el contenido del texto.

Actividades

A **¿Qué dijeron?** Escoge una de las siguientes citas del cuento **«¿Quién es El_Poeta.man?»** y escríbela en una tarjeta. Luego léeles tu cita a varios compañeros y que ellos te lean las suyas.

1. «Profesor, ¿quién es El_Poeta.man?»

2. «Sin embargo, es posible que se haya puesto ese nombre porque quiere proteger su identidad. Una mujer igualmente pudo haber firmado con ese nombre».

3. «Parece que él cree que el cuento o el poema que sugiere puede, ¿qué sé yo?, puede servir como guía…»

4. «¡La literatura no puede conseguirme un celular!»

5. «Pero la literatura existe por algo y para algo, ¿no creen?»

6. «Pues a mí me gusta escribir porque así me comunico con mi novia cuando no estoy con ella».

7. «A mí me gusta que al leer, puedes imaginar la vida en otros lugares, en otras culturas…»

8. «Un libro abre la puerta de la imaginación y la puerta a otros mundos».

B **El té** Ahora, comenten las citas en grupo y contesten la siguiente pregunta: ¿De qué se va a tratar el cuento? Escriban por lo menos tres predicciones y si todavía[3] tienen preguntas, escríbanlas en una hoja aparte[4].

---

1 a quote **2** how they are related **3** still **4** separate

¿Quién es El_Poeta.man?

A. ¿Quién o quiénes creen que el profesor Álvarez es El_Poeta.man?

B. ¿Quién puso un anuncio en el periódico estudiantil?

C. ¿Por qué lo puso allí?

D. ¿Qué hay en la cartelera?

—Clase, por favor. Todos a su lugar.

—Profesor, ¿quién es El_Poeta.man?

—¿Es usted El_Poeta.man?

—¿Por qué crees eso, Sofía?

—Fácil. ¿Quién más quiere que leamos[1] literatura en español?

—Es un buen argumento, Sofía, pero, ¿tienes alguna prueba[2] que fui yo quien mandó esas notas?

—No, la verdad es que no, profesor Álvarez.

—¿Alguien más? ¿Jessica? Ya que[3] tú fuiste la que puso el anuncio[4] en el periódico, ¿tienes alguna teoría?

—No, profesor Álvarez. Yo puse el anuncio en *El Canario* porque quería saber si Elisa, Efraín y yo éramos los únicos[5] que habíamos recibido[6] esas notas.

—Pues ahora puedes ver por la cantidad[7] de notas en la cartelera[8] que no. Por el momento, vamos a dejar ese misterio al lado.

—¡No, profesor, no vale[9]! ¡Todos queremos saber quién es El_Poeta.man!

—Pues, para tratar de descubrir[10] quién es, ¿por qué no hablamos un poquito sobre sus acciones y sus motivos?

—Ah, ¿como si fuera[11] el protagonista de un cuento?

. . . .

1 that we read **2** proof **3** since **4** advertisement **5** were the only ones **6** had received **7** quantity **8** bulletin board **9** no fair **10** to try to discover **11** as if he were

—Sí, por qué no. Lo más sencillo[1] primero. ¿Sabemos si es hombre o mujer?

—Hombre, claro, pone «EL» poeta, no «LA» poeta, y lo confirma con el «man».

—Sin embargo, es posible que se haya puesto ese nombre[2] porque quiere proteger su identidad. Una mujer igualmente[3] pudo haber firmado[4] con ese nombre.

—Uy. No se me había ocurrido[5].

—¿Qué más sabemos de El Poeta?

—Pues obviamente le gusta la literatura.

—Claro, Dulce María, le gusta la literatura. Pero, ¿es todo? ¿No podemos deducir algo más?

—Parece que él cree que el cuento o el poema que sugiere[6] puede, ¿qué sé yo?, puede servir como guía[7].

—Como guía, muy bien, Evadina, pero como guía, ¿para qué?

Silencio completo en la clase de español. Algo que casi nunca ocurre.

—Miren. Vamos a leer algunas de sus notas. Aquí dice:

«Una mentira pequeña puede crear un problema gigante, como lo aprenden los padres en el cuento».

—Y acá pone:

«El amor no es como en las películas».

—Y en ésta escribe:

«No hay una sola verdad, hay muchas, depende de la interpretación».

---

1 simple **2** that he/she has chosen that name **3** in the same way **4** could have signed **5** That hadn't occurred to me **6** that he suggests **7** guide

Mientras lees

E. ¿Creen los estudiantes que El_Poeta.man es hombre o mujer? ¿Por qué?

F. ¿Qué concluye el profesor?

G. ¿Qué dice Dulce María de El_poeta.man?

H. ¿Y Evadina?

I. ¿Qué dice Jessica que no le puede conseguir la literatura? ¿Elisa?

—¿Creen ustedes que la literatura puede servir como guía para la vida?

—¡La literatura no puede conseguirme[1] un celular!

—Tienes razón, Jessica, la literatura no te puede conseguir un celular.

—¡La literatura no puede conseguirme la cita que quiero con el muchacho de mis sueños![2]

—También tienes razón, Elisa. La cita la vas a tener que conseguir tú.

—¡La literatura no puede cambiarme la llanta desinflada![3]

J. ¿Qué dice Efraín que no puede hacer la literatura?

—Estoy de acuerdo, Efraín, la llanta la tendrás[4] que cambiar tú o el Club de Autos. Pero la literatura existe por algo y para algo, ¿no creen? ¿Por qué desde el principio del tiempo trata el hombre de escribir sobre[5] sus pensamientos[6] y sus sentimientos? ¿En los dibujos en las cuevas[7] de Altamira, en los jeroglíficos de los mayas, en los manuscritos del Mar Muerto[8], en los dramas de Shakespeare? ¿Por qué insiste el hombre en escribir?

—Pues a mí me gusta escribir porque así me comunico con mi novia cuando no estoy con ella.

—La comunicación. Muy válido, Enrique. ¿Alguien más?

—Yo escribo en mi diario todos los días. Es una forma de terapia. Me desahogo.[9] Me recobro [10] de los problemas del día.

—La expresión. Gracias, Verónica.

—Yo no escribo muy bien, pero me gusta leer cosas que me hagan reír[11]. Como las tiras cómicas en el periódico.

. . . .

1 to get me **2** boy of my dreams **3** change the flat tire **4** you will have to
5 to write down **6** thoughts **7** caves **8** Dead Sea Scrolls **9** I vent **10** I recover
11 that make me laugh

—El humor. También un buen uso de la literatura, para divertirnos. ¿Algo más?

—A mí me gusta que al leer, puedes imaginar la vida en otros lugares, en otras culturas, puedes saber algo de personas que no conoces y probablemente nunca vas a conocer.

—Muy bien, Olivia. Un libro abre la puerta de la imaginación y la puerta a otros mundos. Efraín, la literatura te puede ayudar a aprender a resolver los problemas; Elisa, a reconocer el amor verdadero[1] si tienes la suerte de encontrarlo; Jessica, a corregir[2] los errores que cometes. Es más, la literatura te puede dar ánimo[3] y coraje[4], te puede enseñar a no tenerle miedo[5] a los obstáculos; a imaginar tu vida como la quieras[6]; a averiguar[7] quién eres por dentro, no por fuera. Las situaciones y los personajes que conoces en la literatura pueden ayudarte a resolver los problemas de tu vida. Es importante leer. Es todo lo que les estaba tratando de decir El_Poeta.man, ¿no creen?

—¿Es usted El_Poeta.man, profesor Álvarez?

—Les queda a ustedes comprobarlo[8]. Pero, por ahora, les voy a dar la tarea para la semana que viene: tienen que leer dos poemas y un texto: un verso de los *Cantos de Huexotzingo*, «Arte poética» por Vicente Huidobro y «Borges y yo» por Jorge Luis Borges. ¿Qué significa ser poeta? ¿Qué significa ser escritor? ¿Quién de ustedes no es poeta? Todos tenemos algo del Poeta por dentro. Sólo hay que buscarlo. Hasta mañana, clase.

Mientras lees

K. El profesor dice que la literatura tiene que existir por alguna razón. ¿Cuáles son algunas de las razones que dan los estudiantes?

L. ¿Estás de acuerdo con lo que dice el profesor sobre la literatura? ¿Por qué sí o por qué no?

M. ¿Quién crees tú que es El_Poeta.man? ¿Por qué?

---

1 true love   **2** to correct   **3** encouragement   **4** confidence   **5** not to fear   **6** however you want   **7** to find out   **8** It's up to you to prove it

Después de leer
Actividades

Otro té

Vuelve a tus predicciones y tus preguntas de la sección **Antes de leer.** Luego, contesta las siguientes preguntas.

1. ¿Fueron correctas tus predicciones? ¿Por qué sí o por qué no?

2. Después de leer el cuento, ¿cómo cambiarías[1] tus predicciones? ¿O no las cambiarías?

3. ¿Contestó el cuento tus preguntas? ¿Qué preguntas se quedaron sin contestar?

4. ¿Crees que hacer predicciones basadas en las declaraciones de algunos de los personajes te ayudó a entender el cuento? ¿Por qué sí o por qué no?

¿Estás de acuerdo o no?

Escoge una de las declaraciones de los estudiantes o del profesor Álvarez sobre la literatura. Luego, escribe en un diálogo si estás de acuerdo o no con esa persona. Trata de apoyar[2] tus argumentos con ejemplos de la literatura.

MODELO: Elisa: «¡La literatura no puede conseguirme la cita que quiero con el muchacho de mis sueños!»

            Tú: Hasta cierto punto, tienes razón. Pero...

Una carta

Escoge uno de los personajes del cuento **«¿Quién es El_Poeta.man?»** y escríbele una carta expresando tu opinión sobre la discusión que ocurrió en la clase de español. En tu carta, trata de contestar las siguientes preguntas:

- ¿Qué piensas de la literatura en general? ¿Por qué existe?

- ¿Cuál crees que es el propósito[3] de El_Poeta.man, y de los poetas en general?

- ¿Hay un ejemplo en tu vida en el cual un texto te ayudó a resolver un problema? Si lo hay, menciónalo.

- ¿Cómo te hace sentir la literatura?

- ¿Cómo sería[4] un mundo sin literatura?

---

1 would you change   **2** Try to support   **3** purpose   **4** How would it be . . . ?

4 ⬥ Mi lectura favorita

Piensa en tu novela, cuento o poema favorito en español o en inglés y escribe un trozo[1] de ese texto en una hoja aparte. Luego explica en un párrafo, en español, por qué ese texto es tu favorito y cómo el leerlo te enseñó algo, te hizo cambiar de opinión, entender otro punto de vista o reconocer el valor[2] de algo.

5 ⬥ El medio ambiente

¿Crees que la literatura puede cambiar las opiniones de la gente sobre el estado[3] del medio ambiente? Escoge un problema relacionado con el medio ambiente y en un cuento o en una composición descríbelo y trata de convencer[4] a la gente de que es importante resolverlo.

1 a passage   **2** recognize the value   **3** the state   **4** try to convince

Un poco más...

1 Una tira cómica

¿Quién crees tú que es El_Poeta.man? Con un(a) compañero(a), dibujen una tira cómica de El_Poeta.man como las de los superhéroes Súperman y Batman. Puedes tener en cuenta las siguientes preguntas.

- ¿Tiene poderes sobrenaturales[1] El_Poeta.man? ¿Cuáles son?

- ¿Dónde vive El_Poeta.man?

- ¿Cómo se viste de día y cómo se viste de noche?

- ¿Sabe alguien en su vida que es superhéroe?

- ¿Cuáles son sus armas[2]? ¿Es la literatura su arma más poderosa[3]? ¿Cómo la usa?

- ¿Tiene una debilidad[4]? ¿Cuál es?

- ¿Quién es su enemigo o enemiga[5]?

- ¿Cómo batalla[6] contra su enemigo?

- ¿A quiénes salva[7] El_Poeta.man? ¿Cómo los salva?

- ¿Necesita el mundo a El_Poeta.man? ¿Qué le pasaría[8] a la gente si El_Poeta.man no existiera[9]?

. . . .

1 supernatural powers **2** weapons **3** powerful **4** weakness **5** enemy **6** does he fight **7** does he save **8** What would happen? **9** did not exist

12

Antes de leer

Tres textos literarios

Estrategia

La última palabra Tu opinión sobre un texto es lo que más importa en el proceso de leer. Si un texto te parece interesante o emocionante[1], entonces el escritor ha logrado su objetivo. Si un texto te confunde[2] o te aburre, entonces, en ese caso, el escritor ha fallado[3] en su objetivo de conectar con el lector. Es muy importante tener una reacción sincera a un texto y poder describir tus reacciones. No todas las lecturas merecen tu atención. Tú puedes decidir si algo te gusta o no. Lo que importa es que puedas analizar tus opiniones y explicarlas de una manera clara y persuasiva.

Actividades

A **Lo que pienso yo** ¿Te acuerdas de todas las lecturas que has leído en este libro? ¿Hay algún cuento, poema o situación que te hizo sentir algo especial? En una hoja aparte, copia el párrafo, el verso o la oración que te impresionó[4] más y luego escribe por lo menos tres razones por las cuales este trozo es tu favorito.

1. _____

2. _____

3. _____

B **Las opiniones de mis compañeros** En grupos de cuatro, lean sus textos favoritos. Luego, túrnense[5] para dar su opinión sobre cada texto. La persona que escogió el texto tiene la última palabra.

---

1 thrilling   **2** confuses you   **3** has failed   **4** impressed you   **5** take turns

Arte poética
por Vicente Huidobro

Sobre el autor

Vicente Huidobro nació el 10 de enero de 1893 en Santiago de Chile. Desde muy joven escribía poesía y publicó su primer libro en 1911 a la edad de dieciocho años. Cuando se fue de Chile hacia París en 1916, ya había publicado seis libros en que rechazaba[1] la poesía tradicional, fundando así el primer movimiento de la vanguardia en Latinoamérica: el *Creacionismo*. Su poesía está llena de imágenes fuertes y de difícil comprensión. Huidobro vivió entre París, Madrid y Santiago y escribió hasta que la muerte lo sorprendió en enero de 1948.

A. ¿Qué símbolo usa el poeta para describir el verso?

B. Según el poeta, ¿es el adjetivo poderoso? ¿Por qué?

C. ¿Qué quiere decir «el vigor verdadero reside en la cabeza»?

D. Según el poeta, ¿para quiénes existen todas las cosas bajo el sol?

E. ¿Con quién se compara el poeta? ¿Por qué?

1   Que el verso sea como una llave
       que abra mil puertas.
       Una hoja cae; algo pasa volando;
       cuanto[2] miren los ojos creado sea[3],
5   y el alma del oyente[4] quede temblando[5].

       Inventa mundos nuevos y cuida tu palabra;
       el adjetivo, cuando no da vida, mata[6].

       Estamos en el ciclo de los nervios.
       El músculo cuelga[7],
10   como recuerdo[8], en los museos;
       mas no por eso tenemos menos fuerza[9]:
       el vigor verdadero
       reside en la cabeza.

       Por qué cantáis la rosa, ¡oh Poetas!
15   hacedla florecer[10] en el poema;

       Sólo para nosotros
       viven todas las cosas bajo[11] el sol.

       El poeta es un pequeño Dios.

1 rejected **2** all that **3** be created **4** listener **5** trembling **6** kills **7** hangs
8 keepsake **9** strength **10** bloom **11** under

Borges y yo
por Jorge Luis Borges

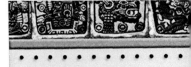

Sobre el autor

Jorge Luis Borges nació el 24 de agosto de 1899 en Buenos Aires, Argentina. Se crió bilingüe desde su infancia y aprendió a leer y a escribir en inglés antes que en español por la influencia de su abuela materna. En 1914 su familia se mudó a Ginebra. Allí hizo Borges su bachillerato[1] y posteriormente viajó a España donde empezó su carrera[2] literaria. Volvió a Buenos Aires en 1921 y en 1923 publicó su primer libro de poemas: *Fervor de Buenos Aires*. Dos de sus obras más famosas son *Ficciones* (1944) y *El Aleph* (1949) por las cuales se le considera un genio[3] literario. Su obra tiene un carácter filosófico e intelectual y está llena de temas variados como lo argentino (la pampa[4] y sus habitantes), el heroísmo, el tiempo, el infinito, lo fantástico y la identidad[5]. Borges, quien ha sido reconocido internacionalmente como uno de los escritores más prestigiosos del siglo XX, murió en junio de 1986.

Al otro, a Borges, es a quien le ocurren las cosas. Yo camino por Buenos Aires y me demoro[6], acaso y mecánicamente, para mirar el arco de un zaguán[7] y la puerta cancel[8]; de Borges tengo noticias por el correo y veo su nombre en una terna[9] de profesores o en un diccionario biográfico. Me gustan los relojes de arena[10], los mapas, la tipografía del siglo XVIII, las etimologías, el sabor del café y la prosa de Stevenson[11]; el otro comparte esas preferencias, pero de un modo vanidoso[12] que las convierte en atributos de un actor.

F. ¿Quién es el narrador del cuento? ¿A qué otra persona se refiere el narrador? ¿Qué hace esa persona?

G. ¿Qué cosas le gustan al narrador? ¿Le gustan las mismas cosas al otro?

. . . .

1 High School **2** career **3** genius **4** northern desert region of Chile **5** identity
6 I linger **7** hallway entrance **8** inner door **9** list of three **10** hourglasses
11 Robert Louis Stevenson, (1850–94) author of *Treasure Island*, one of Borges' favorite writers **12** vain

Mientras lees

H. ¿Es hostil la relación entre los dos?

I. ¿Qué piensa el narrador de lo que escribe el otro?

J. ¿De qué acusa el narrador al otro?

K. ¿En qué dice el narrador que se reconoce menos?

L. ¿Qué piensas de la última oración? ¿Contradice el texto o lo afirma?

Sería exagerado afirmar[1] que nuestra relación es hostil; yo vivo, yo me dejo vivir[2], para que Borges pueda tramar[3] su literatura y esa literatura me justifica. Nada me cuesta confesar que ha logrado[4] ciertas páginas válidas, pero esas páginas no me pueden salvar[5], quizá porque lo bueno ya no es de nadie, ni siquiera del otro, sino del lenguaje o la tradición. Por lo demás, yo estoy destinado a perderme, definitivamente, y sólo algún instante de mí podrá sobrevivir[6] en el otro. Poco a poco voy cediéndole[7] todo, aunque me consta su perversa costumbre de falsear y magnificar. Spinoza[8] entendió que todas las cosas quieren perseverar en su ser; la piedra eternamente quiere ser piedra y el tigre un tigre. Yo he de quedar[9] en Borges, no en mí (si es que alguien soy), pero me reconozco menos en sus libros que en muchos otros o que en el laborioso rasgueo[10] de una guitarra. Hace años yo traté de librarme de él y pasé de las mitologías del arrabal[11] a los juegos con el tiempo y con lo infinito, pero esos juegos son de Borges ahora y tendré que idear[12] otras cosas. Así mi vida es una fuga[13] y todo lo pierdo y todo es del olvido, o del otro.

No sé cuál de los dos escribe esta página.

---

1 to state　**2** allow myself to live　**3** so he can plot　**4** has accomplished　**5** can't save me　**6** will be able to survive　**7** yielding　**8** Baruj Spinoza (1632–77): Dutch philosopher　**9** I am to remain　**10** strumming　**11** suburb or slum　**12** I will have to think up　**13** escape

(Sin título[1])

¿Solo así he de irme?

¿Como las flores, que perecieron[2]?

¿Nada quedará[3] en mi nombre?

¿Nada de mi fama[4] aquí en la tierra?

¡Al menos flores,
al menos cantos[5]!

Cantos de Huexotzingo

Mientras lees

M. ¿Qué le preocupa al poeta?

N. ¿A qué cosa de la naturaleza se compara? ¿Por qué?

O. ¿Por lo menos qué quiere dejar en la tierra?

Nota cultural

¿Sabías que...? Los Cantos de Huexotzingo es casi lo único que queda de una compleja cultura prehispánica que habitó el Valle de Texmelucán en la región poblana de México. Descendiente de los chichimecas, el pueblo de Huexotzingo resistió el dominio de los feroces aztecas y mantuvo[6] su independencia hasta que llegaron los españoles en el siglo XV. Estos cantos se encuentran hoy día inscritos[7] en el Museo Nacional de Antropología de México donde se exponen[8] colecciones arqueológicas de las culturas prehispánicas, y aspectos de las culturas indígenas que han sobrevivido el desarrollo moderno. Este museo está situado en el Bosque de Chapultepec en México D.F. y tiene como propósito honrar y difundir la información de las culturas prehispánicas.

MUSEO NACIONAL DE ANTROPOLOGIA

1 title   **2** perished   **3** will remain   **4** fame   **5** chants   **6** maintained   **7** inscribed
8 are exhibited

Después de leer
Actividades

 Tengo la última palabra

Escoge una oración o un verso de los textos que leíste en este capítulo. Copia esa oración o verso en una hoja aparte y escribe por lo menos tres razones por las cuales este trozo es tu favorito.

1. _____

2. _____

3. _____

En grupos de cuatro, lean sus textos favoritos. Luego, túrnense para dar su opinión sobre cada texto. La persona que escogió el texto tiene la última palabra.

 Los adjetivos

Los adjetivos son instrumentos muy importantes para el escritor.
Lee de nuevo el verso de Huidobro:

> «Inventa mundos nuevos y cuida tu palabra;
> el adjetivo, cuando no da vida, mata.»

Ahora trata de pensar en cinco adjetivos que «dan vida[1]» o causan felicidad y cinco adjetivos que «matan[2]» o causan dolor[3]. Escríbelos en el cuadro de abajo. Compara los adjetivos que escogiste tú con los que escogió tu compañero(a).

	Adjetivos que dan vida	Adjetivos que matan
Modelo:	maravilloso	ausente
	1. _____	1. _____
	2. _____	2. _____
	3. _____	3. _____
	4. _____	4. _____
	5. _____	5. _____

. . . .

1 give life **2** kill **3** pain

3 Buenos Aires

Buenos Aires es una ciudad muy cosmopolita. Haz una investigación en Internet o en la biblioteca sobre la ciudad natal de Jorge Luis Borges. Escribe una descripción de Buenos Aires e incluye las tres o cuatro cosas que más te impresionaron de la ciudad.

4 El poder de la palabra

¿Crees tú que la palabra tiene poderes especiales? Escríbele una carta al profesor Álvarez contestando las preguntas que le hizo a su clase:

- ¿Qué significa ser poeta?
- ¿Qué significa ser escritor?
- ¿Por qué desde el principio del tiempo trata el hombre de escribir sobre sus pensamientos y sus sentimientos?

¿Qué dicen Huidobro, Borges y el texto sobre Huexotzingo al respecto[1]? Puedes añadir tus ideas a las de ellos.

5 Dos facetas

¿A veces sientes que tienes dos personalidades, como las que describe Borges? Por ejemplo, atleta y estudiante; hijo(a) y hermano(a); novio(a) y amigo(a). Haz una lista de las cualidades y las preferencias del uno y del otro como en el ejemplo. Luego, escribe una composición comparando esas dos personalidades. ¿Son amigables[2] u hostiles el uno hacia el otro[3]? ¿Se ayudan o se pelean? ¿Se respetan o se critican[4]? Puedes usar el texto de Borges como modelo.

MODELO   EL (LA) ATLETA:

- No le gusta estudiar
- Quiere mantenerse en forma

EL (LA) ESTUDIANTE:

- Le gusta sacar buenas notas
- No siempre come comida sana

. . . .

1 on this subject   **2** friendly   **3** toward each other   **4** criticize each other

Un poco más...

1 Vuélvete escritor

Ahora tú vas a inventar mundos nuevos como te lo sugiere[1] Vicente Huidobro en su poema **«Arte poética».** Primero escoge el capítulo de este libro que más te gustó. Luego, escoge un género que te interese como escritor. Finalmente, vuelve a escribir la historia del capítulo que escogiste en el género que escogiste.

¡Abre la puerta de tu creatividad y deja que tu imaginación vuele por el universo de las ideas!

Los géneros

- poema
- cuento
- ensayo
- artículo de periódico

- obra de teatro
- carta
- anuncio de la radio o la televisión
- entrada en un diario

- tiras cómicas
- entrevistas
- guión de película

Ejemplos:

Un ensayo sobre la importancia del celular desde el punto de vista de Jessica (Capítulo 1)

Una obra de teatro sobre el fiasco de los vaqueros *Wayne* (Capítulo 2)

Una entrada en el diario del hijo que todos creen que va a ser un ladrón (Capítulo 4)

Una tira cómica de Efraín y la llanta desinflada (Capítulo 5)

Un guión de película de la historia del niño que pidió trescientos mil triciclos (Capítulo 8)

Una carta de Elisa a Jaime Arturo Obregón (Capítulo 9)

Un poema titulado «Estar enojado» que use como modelo el poema de Bernárdez «Estar enamorado» (Capítulo 10)

Una entrevista con El_Poeta.man (Capítulo 11)

. . . .

1 how it is suggested (by)

Glosario

Respuestas

Agradecimientos

Glosario

a *to, at, in order to;*
a continuación *that
follows;* **a propósito** *by
the way;* **a punto de**
about to; **a su vez** *in
turn;* **a través de**
*through, by means of,
throughout, across*
el **abismo** *abyss, depths*
el **abrazo** *hug*
abrigar la esperanza *to
have hope*
abrir *to open;*
que abra *that opens*
abundante *abundant,
plentiful*
aburrir *to bore*
abusar *to abuse*
acá *here*
acabar *to finish;*
acababa *I/he/she had
just finished;* **hasta
que acaben** *until you
finish;* **que acabas** *that
you finish*
acaso *by chance*
el **acceso** *access*
la **acción** *action*
acercar *to bring closer*
acercarse *to approach, to
go up to someone*
acertado/a *right*
aclarar *to clarify*
acomodado/a *well-off*
acompañar *to go with, to
accompany*
el **acontecimiento** *event*
acordarse *to remember;*

me acuerdo *I
remember*
acostumbrado/a
accustomed
acreditado/a *reputable*
la **actitud** *attitude*
acudir *to turn to*
adivinar *to guess*
adjunto/a *attached,
enclosed*
la **admiradora** *admirer* (f.)
admirar *to admire;* **que
admirara** *that he/she
admire*
admitir *to admit*
los **adolescentes** *teenagers*
adquirir *to acquire, to
obtain, to buy*
adueñarse *to take
possession of*
advertir *to warn, to
perceive*
afablemente *pleasantly,
affably*
el **afecto** *affection*
afirmar *to affirm, to state*
agarrar *to grab*
agrandar *to get bigger;* **se
iba agrandando** *was
getting bigger*
agridulce *bittersweet*
aguantar *to stand, to
tolerate*
el **ahijado** *godson*
ahogarse *to drown*
ahorrar *to save;* **me ha
ahorrado** *he/she/it has
spared me*
el **ahorro** *savings*
el **aire** *air*
el **ajedrez** *chess*

ajeno/a *belonging to
someone else*
al fin y al cabo *when all
is said and done*
al menos *at least*
al respecto *in this
regard, on this subject*
al tanto *up-to-date*
el **ala** *wing*
la **alabanza** *praise*
alarmante *alarming*
el **alcance** *reach;* **fuera de
mi alcance** *out of my
reach*
alcanzar *to reach; to
manage to;* **no alcanzo
ni a saludarlas** *I'm not
even able to greet them;*
no había alcanzado *I
hadn't managed to*
alegrarse *to be happy*
alegre *happy*
alegremente *happily*
la **alegría** *happiness*
Alemania *Germany*
la **alevosía** *malice*
alguien *someone*
el **alma** *soul, spirit*
alquilar *to rent*
los **alrededores**
surroundings
el **amado, la amada** *beloved*
amar *to love;* **cómo no
haber amado** *how
could I not have loved*
la **amargura** *bitterness*
el **ambiente** *setting*
a medida que *at the same
time that;* **a medida
que se lee** *as you
continue reading*

amigable *friendly*

la **amistad** *friendship*

el **amor** *love*

amoroso/a *loving*

analizar *to analyze;* **que puedas analizar** *that you can analyze*

ancho/a *thick, wide*

andar *to go, to walk;* **anda** *come on;* **andar cansado/a** *to be tired*

la **angustia** *anguish, distress*

anhelar *to long for;* **lo que más anhelaba** *what he/she longed for most*

animadamente *enthusiastically*

animado/a *lively, animated*

el **ánimo** *spirit, encouragement*

anotar *to write*

ansioso/a *anxious*

ante *in front of*

anterior *prior, previous*

antes *before*

la **anticipación** *anticipation*

anticipar *anticipate*

anticuado *old-fashioned, out-of-date*

antiguo/a *old, ancient*

anunciar *to announce*

el **anuncio** *commercial, advertisement*

añadir *to add*

apagar *to turn off*

el **aparato** *appliance, gadget*

aparentemente *apparently*

las **apariencias** *appearances*

apartarse *to move away, to withdraw*

aparte *separate*

apenas *barely, scarcely, hardly*

la **aplicación** *diligence*

apoyar *to support, to lean*

apreciable *noticeable*

apresurarse *to hurry up*

apretado/a *tight*

apropiado/a *appropriate*

aprovechar *to take advantage of*

apuntar *to point;* **apuntando hacia** *pointing towards*

el **arco** *arch*

el **archienemigo, la archienemiga** *archenemy*

el **argumento** *argument, reasoning*

el **arma** (pl. **las armas**) *weapon*

el **arrabal** *slum or suburb*

arrancar *to take off, to pull out*

arrastrar *to drag;* **arrastraba** *I/he/she/it was dragging;* **habían ido arrastrando** *they had been dragging*

arreglar *to fix, to arrange*

arrepentirse *to regret*

la **arrogancia** *arrogance*

el **artículo** *article*

asaltado/a *assaulted*

asegurar *to assure*

así *like this, like that*

así no más *so-so*

asociar *to associate*

asombrarse *to be surprised*

el **aspecto** *look;* **el aspecto físico** *physical appearance*

asustado/a *frightened*

atender *to look after;* **ser atendido/a** *to be paid attention to*

atraer *to appeal, to attract*

atrapado/a *trapped*

atrapar *to catch;* **lo atraparán** *they will catch him*

atreverse *to dare;* **apenas se atrevía** *he/she would hardly dare*

el **atributo** *characteristic, attribute*

aún *still*

aunque *although;* **aunque fuera** *even if it were*

el **auricular** *headset*

la **ausencia** *absence*

el **autógrafo** *autograph*

el **autor, la autora** *author*

avanzar *to advance, to move forward*

avergonzado/a *embarrassed*

averiguar *to find out*

avisar *to tell*

la **ayuda** *help*

ayudar *to help;* **ayudaría** *I/he/she/it would help*

el **azar** *chance, fortune*

el **bachillerato** *high school*

bajar *to go down, to descend*

bajo *under*

balbucear *to stammer*

el **barco de vapor** *steamboat*

basado/a en *based on*
basarse *to base oneself;*
   basándote *basing*
   yourself
batallar *to fight*
la **batería** *battery; percussion*
la **belleza** *beauty*
bello/a *beautiful*
el **berrencazo** *blow*
besar *to kiss*
el **beso** *kiss*
blandengue *weak,*
   wimpish
blanquear *to whiten*
la **bolsa** *handbag*
el **bolsillo** *pocket*
los **bomberos** *firefighters*
bondadoso/a *kind*
boquiabierto/a
   astonished
el **bosque** *forest*
breve *brief*
brillar *to shine, to glitter*
burlarse de *to make fun*
   of; **se burlarán** *they*
   will make fun of
la **busca** *search*
el **buzón** *mailbox*

el **caballero** *gentleman*
cabezón, cabezona
   stubborn
cada *each*
calcular *to calculate;* **ha**
   calculado *has*
   calculated
calmado/a *calm*
el **calor** *heat, warmth*
callado/a *quiet*
la **calle** *street*

cambiar *to change;*
   ¿cómo cambiarías?
   how would you
   change?; **han**
   cambiado *they have*
   changed; **¿han**
   cambiado? *have they*
   changed?
camino al *on the way to*
el **camión** *truck*
la **campana** *bell*
el **campeón** *champion*
el **campesino, la**
   campesina *peasant*
el **canario** *canary*
la **cantidad** *quantity*
el **canto** *song*
canturrear *to sing softly*
la **capacidad** *capacity, ability*
el **capricho** *whim, fancy*
captar *to grasp (the*
   meaning)
la **cara** *face;* **cara a cara** *face*
   to face; **tener cara de**
   sueño *to look sleepy*
la **cárcel** *jail*
el **cariño** *affection*
carísimo/a *very expensive*
carismático/a *charismatic*
carnavelesco/a
   carnival-like
la **carrera** *career*
la **carretera** *road*
la **cartelera** *bulletin board*
casi *almost*
el **castellano** *Spanish*
castigar *to punish;* **va a**
   ser castigado *he/she/it*
   will be punished
el **castigo** *punishment*
la **categoría** *category*
católico/a *Catholic*
la **causa** *cause;* **por causa**
   de *because of*

cautivar *to captivate*
cautivo/a *captive*
cayó (inf. **caer**) *he/she/it fell*
ceder *to give in, to yield*
celebrar *to celebrate*
celoso/a *jealous*
celular: el teléfono
   celular *cell phone*
cercano/a *close, nearby*
el **cerebro** *brain*
cerrar *to close;* **cerraba**
   I/he/she/it closed
charlar *to chat*
chévere *fantastic, great*
chillar *to cry, to shriek*
el **chisme** *gossip*
chismear *to gossip*
el **chiste** *joke*
chocar(le) *to dislike*
el **ciclo** *cycle*
el **cielo** *sky, heaven*
cierto *true;* **estar en lo**
   cierto *to be right*
la **cifra** *number*
la **cigüeña** *stork*
el **círculo** *circle*
la **circunstancia**
   circumstance
la **cita** *quote*
claro/a *clear*
la **clase** *class, type*
clave *key*
el **clavo** *nail*
cocido/a *cooked;* **mal**
   cocido *badly cooked*
el **cole** *abbreviation for*
   school
colgado/a *hung*
colgar *to hang up (the*
   phone)
el **colmo** *height, epitome;*
   para colmo *to cap it all*
colocado/a *placed*
colorado/a *red, flushed*

comentar *to comment on*

el comentario *comment*

el comerciante
mayoritario *wholesale
vendor*

el comercio *shops,
commerce*

cometer *to commit*

el comienzo *beginning*

la comisaría *police station*

como *like;* como si *as
though;* como si fuera
as if he/she/it were

la compañía *company*

la comparación *comparison*

compartir *to share*

complejo/a *complex*

completar *to complete, to
finish*

componer *to fix, to
compose;*
compusieron *they
fixed;* compuse *I
composed*

el comportamiento
behavior

la compostura *composure*

comprar *to buy;* que
compre *that I/he/she
buy;* que me
comprara *that he/she
would buy me*

comprender *to
comprehend, to
understand;* había
comprendido *I/he/she
had understood*

la comprensión
*comprehension,
understanding*

comprobar *to check, to
prove*

comunicar *to
communicate;* ¿cómo

te comunicabas? *how
did you communicate?*

con base en *based on*

concebir *to understand*

el concepto *idea*

la conciencia *conscience*

concurrido/a *crowded*

conducir *to drive*

conectar *to connect;*
conéctate *get connected*

la conexión *connection*

confesar *to confess*

confiscar *to confiscate, to
take away*

conforme a *in keeping
with*

confundir *to confuse*

el conjunto *outfit*

conmover *to be moved
by;* conmovía *I/he/she
was moved by*

conmueve (inf.
conmover) *to be
moved by (emotionally)*

conocer *to know, to meet*

conocido/a *known*

el conocimiento *knowledge*

el conquistador *conqueror*

conquistar *to conquer*

conseguir *to get, to obtain*

consentido/a *spoiled*

consiguió (inf.
conseguir) *he/she/it got*

consolar *to console, to
comfort*

consolarse *to console
oneself, to comfort
oneself*

la conspiración *conspiracy*

constar *to be understood*

consternado/a *dismayed;*
quedarse
consternado *to be
dismayed*

construir *to build;* ha
construido *he/she has
built;* lo había
construido *he/she had
built it*

contar *to tell, to count;*
cuando se lo cuente
when I tell; le cuenta
he/she tells

contemplar *to
contemplate;* estaba
contemplando *I was
contemplating*

contener *to contain;* que
contengan *that
contain*

el contenido *content*

contentarse *to be
contented*

contento/a *happy*

contestar *to answer;* que
contestara *that I
answer*

continuar *to continue*

contra *against*

contradecir *to contradict;*
contradigan *they
contradict*

contribuir *to contribute;*
contribuyen *they
contribute;* que
contribuía *that
contributed*

convencer *to convince*

la conveniencia
convenience

convenir *to benefit, to
be suitable for;*
me convenía *it
benefited me;* no le
convenía *it did not
benefit her*

conversador, -ora
talkative

convierte (inf. **convertir**) *converts*

convincente *convincing*

convivir *to coexist*

copiar *to copy;* **has copiado** *you have copied*

la **copla** *verse; popular song*

el **coraje** *courage, confidence*

el **corazón** *heart*

correctamente *correctly*

corregir *to correct*

corresponder *to match, to go with*

el **corresponsal** *correspondent;* **el corresponsal de guerra** *war correspondent*

corto/a *short(in length)*

la **cosa** *thing*

la **costa** *coast*

el **costo** *cost*

la **costumbre** *custom*

la **creación** *creation*

creador, -ora *creative*

crear *to create;* **creado sea** *let it be created*

creer *to think, to believe;* **creían en** *they believed in;* **creyó** *he/she believed;* **no lo pude creer** *I couldn't believe it;* **nunca lo habría creído** *I never would have believed it;* **que crea** *that he/she believe*

creíble *believable*

criarse *to grow up, to be raised;* **se crió** *she grew up*

la **criatura** *creature;* **la criatura excepcional** *exceptional child*

cristalino/a *crystal clear*

criticar *to criticize;* **se critican** *criticize each other*

cruzar *to cross*

cuadrar *to tally;* **no me cuadra** *doesn't work for me*

el **cuadro** *chart*

la **cualidad** *quality*

cualquier, -a *any*

cuanto *all that*

la **cubierta** *deck*

la **cuenta** *tally*

el **cuento** *story;* **el cuento de marineros** *tall tale*

la **cuestión** *matter, issue*

la **cueva** *cave*

cuidadosamente *carefully*

culinario/a *culinary, related to cooking*

la **culpabilidad** *guilt*

la **cumbre** *pinnacle, summit*

cumplido/a *accomplished*

cumplir *to turn*

cursar *to study*

cuyo/a *whose*

la **dama** *lady*

dar *to give;* **daban** *they gave;* **dame** *give me;* **haber dado** *to have given;* **me daba** *it gave me;* **no te daré** *I will not give you*

darse cuenta *to realize, to notice;* **¿es que no te das cuenta?** *can't you see?;* **sin que me diera**

cuenta *without my noticing;* **sin que se dieran cuenta** *without their realizing*

dé (inf. **dar**) *give*

de acuerdo *in agreement*

de igual forma *in the same way*

de nada *you're welcome*

de nuevo *again*

de pronto *all of a sudden*

de qué *about what*

de repente *all of a sudden*

de veras *really*

de vez en cuando *once in a while*

deber *should;* **debimos** *we should have;* **no creo que debas** *I don't believe you should;* **que deberían** *who should*

la **debilidad** *weakness*

decepcionado/a *disappointed*

decidir *to decide;* **decidan** *you (pl.) decide*

decir *to say;* **decía** *I was saying;* **lo dije** *I said it;* **le dijo** *he/she told him/her;* **lo que dice la gente** *what people say;* **me he dicho** *I have told myself;* **que quieren decir** *what they mean*

la **declaración** *statement*

dedicarse *to dedicate oneself*

la **deducción** *deduction*

dedujo (inf. **deducir**) *he/she deduced*

defender *to defend*

dejar *to leave, to allow;*

dejar pasar *to let pass;* **dejar que haga** (inf. **hacer**) **lo mismo** *to allow someone to do the same thing;* **me dejo vivir** *I allow myself to live*

delator, -ora *incriminating, tell-tale, that gives one away*

el **delfín** *dolphin*

la **deliberación** *thought*

la **delicia** *delight*

los **demás** *the others*

demás: lo demás *the rest*

demorar *to linger, to delay*

demostrar *to show*

dentro de poco *soon*

el **deportista** *athlete*

el **derecho** *right*

derramar *to spill*

el **derrotero** *course, plan of action, path*

el **desacuerdo** *disagreement*

desahogar *to vent, to pour out*

el **desaire** *snub*

desanimar *to discourage*

el **desarrollo** *development*

el **desastre** *disaster*

descargado/a *run down (battery)*

descargarse *to run out of charge*

el **descendiente, la descendiente** *descendant*

desconcertante *baffling*

desconocido/a *unknown*

el **desconsuelo** *distress, despair*

descortesía *rudeness*

describir *to describe;* **que describa** *that describes*

descubrir *to discover*

desde *from;* **desde cuándo** *since when;* **desde entonces** *since then;* **desde niño** *from childhood;* **desde siempre** *always*

la **desdicha** *unhappiness, misfortune*

deseado/a *expected*

desear *to wish;* **deseaba** *I/he/she wished*

desempeñar *to carry out*

el **desenlace** *conclusion (resolution of a plot)*

desenredar *to unravel*

el **deseo** *wish, desire*

la **desesperación** *desperation*

desesperadamente *frantically*

desesperado/a *desperate, hopeless*

deshacer *to destroy*

deshacerse *to come undone, to get rid of;* **se deshizo** *he/she/it got rid of; he/she/it went to pieces;* **se deshacían** *they would dissolve*

el **desierto** *desert*

el **designio** *intention*

la **desilusión** *disappointment*

desilusionado/a *disappointed*

deslizarse *to slip away*

desmentir *to contradict, to deny*

desnudo/a *naked*

desolado/a *desolate, heartbroken*

despedirse *to say goodbye;* **que me despidiera** *for me to say goodbye*

despertar *to wake up*

desquitar *to make up for*

destacado/a *outstanding*

destacar *to stand out, to emphasize*

destapado/a *uncovered*

destinar *to be destined;* **estoy destinado** *I am destined*

el **destino** *destiny, fate; destination*

la **destreza** *skill*

el **detalle** *detail*

detrás *behind*

devolver *to return;* **no se lo devuelvo** *I will not return it to him/her*

el **día de entresemana** *week day*

el **Día de la Raza** *Columbus Day*

el **diario** *diary, newspaper*

diario/a *daily*

el **dibujo** *drawing*

dicen (inf. **decir**) *they say, it is said*

el **dicho** *proverb*

dicho (inf. **decir**): **ha dicho** *he/she has said;* **me he dicho** *I have told myself*

diferenciar *to distinguish;* **se diferencian** *are different*

difundir *to spread, to transmit*

digno/a *worthy, deserving*

el **dilema** *dilemma*

Dios *God*

la **dirección cinematográfica** *film direction*

dirigir *to direct, to lead;* **dirigido** *directed, led*

disculpar *to excuse, to forgive*

la **discusión** *discussion, argument*

discutir *to discuss, to debate, to argue*

disfrutar *to enjoy;* **iba a disfrutar** *I/he/she was going to enjoy*

disponer de *to make use of*

la **distancia** *distance*

distinto/a *different*

distraído/a *distracted*

divertirse *to have fun*

divisar *to make out, to see the outlines of*

la **docena** *dozen*

el **documental** *documentary*

el **dolor** *grief, pain;* **el dolor de cabeza** *headache*

el **dominio** *control*

el **don** *gift, talent*

la **duda** *doubt;* **no cabía la menor duda** *there was no doubt*

dudar *to doubt*

el **dueño, la dueña** *owner*

la **dulzura** *sweetness*

duradero *lasting*

durar *to last*

duro/a *tough, hard, difficult*

echar la culpa *to blame*

la **edad** *age*

la **edición** *edition*

egoísta *selfish*

ejemplar *exemplary*

el **ejemplo** *example*

el que más *the one that (I liked) the most*

la **elección** *choice*

el **elemento** *element*

eludir *to avoid*

emigrar *to emigrate*

emocionado/a *moved, touched, upset*

emocionante *thrilling*

emocionar *to move*

emparejar *to match*

empeñarse *to persist, to insist;* **se había empeñado** *he/she was determined*

empezado/a *begun*

empezar *to begin;* **antes de que empiece la clase** *before class begins*

emprender *to start, to undertake*

en adelante *from now on*

en cambio *on the other hand*

en caso de emergencia *in case of emergency*

en común *in common*

en conjunto *as a whole*

en cuanto *as soon as*

en frente *in front, opposite*

en medio de *in the middle of*

en persona *in person*

en vez *instead*

los **enamorados** *lovers*

enamorar *to win the heart of;* **estar enamorada** *to be in love*

encantador *delightful*

encantar *to like very*

much; **me encantaba** *I really liked*

encendido/a *turned on*

encontrar *to find;* **encontrarás** *you will find;* **que se encuentra** *that can be found;* **siguen encontrando** *they keep finding*

encontrarse (con) *to meet up (with)*

el **encuentro** *encounter*

la **encuesta** *survey, poll*

enderezar *to straighten up*

el **enemigo, la enemiga** *enemy*

el **enfado** *annoyance, anger*

el **énfasis** *emphasis*

enfrentar *to face, to confront*

engañar *to deceive*

enojarse *to get angry*

el **enojo** *anger*

enorme *enormous*

enredarse *to become entangled, to be involved*

enriquecer *to enrich*

el **ensayo** *essay*

enseguida *right away*

enseñar *to teach;* **me había enseñado** *he/she had taught me*

entender *to understand;* **¿entendido?** *understood?;* **¿Me entendieron?** *Did you understand me?;* **ni me entenderás** *nor will you understand me*

entero/a *whole*

entonces *then, at that*

time; **los de entonces** *the ones back then*

la **entrada** *entrance, ticket*

entrante *upcoming*

entrar *to come in;* **ha entrado** *he/she has entered*

entre *between, among;* **entre sí** *among themselves*

entrenarse *to train*

entretanto *meanwhile*

la **entrevista** *interview*

el **entrevistador, la entrevistadora** *interviewer*

entusiasmado/a *enthusiastic*

enviar *to send*

la **envidia** *envy*

envidiable *enviable*

envuelto/a *involved*

el **equipo estelar** *all-star team*

equivocarse *to be mistaken;* **no me equivoqué** *I was not mistaken*

eran (inf. **ser**) *they were*

la **escala** *scale*

escalofriante *spine chilling*

escapar *to escape*

el **escaparate** *shop window, display case*

el **escenario** *setting, stage, scene*

el **esclavo** *slave*

escoger *to choose;* **escogerán** *they will choose;* **que escojas** *that you choose*

escribir *to write;* **escriban** *write* (pl.);

escribía *I/he/she was writing, used to write;* **ha escrito** *he/she has written*

escrito/a *handwritten, written*

el **escritor, la escritora** *writer*

escrupulosidad *with care*

el **esfuerzo** *effort*

el **esmero** *care;* **con esmero** *carefully*

el **espacio** *space;* **el espacio en blanco** *blank*

la **espada** *sword*

los **espaguetis** *spaghetti*

espantoso/a *frightening*

el **espejo** *mirror*

la **espera** *wait*

esperar *to wait, to expect;* **espera** *wait (you)* ; **me esperaba** *he/she was waiting for me;* **me esperaban** *they were waiting for me*

el **estado** *state*

estar *to be;* **estaba** *I/he/she was;* **haber estado** *to have been;* **había estado** *I/he/she/it had been;* **que no esté** *that I/he/she not be;* **te están** *they fit you*

éstas *these*

el **estilo** *style*

la **estrella** *star*

estrellado/a *starry*

estrenar *to wear for the first time, to try out*

el **estreno** *opening night*

estudiantil *belonging to students*

la **etapa** *stage, phase*

eternamente *eternally*

evaluar *evaluate;* **es importante que evalúe** *it's important that he/she evaluate*

evitar *to avoid*

exagerado/a *exaggerated*

exigir *to require, to demand*

existir *to exist;* **existían** *they existed;* **habrían podido existir** *they could have existed;* **si no existiera** *if I/he/she/it did not exist*

la **expectativa** *expectation*

la **explicación** *explanation*

explicar *to explain;* **no me lo explico** *I don't get it*

exponer *to exhibit*

expresar *to express*

exprimir *to squeeze*

extender *to extend*

extinguirse *to die away;* **se iban extinguiendo** *they were dying away*

el **extranjero** *foreigner*

extranjero/a *foreign*

extrañar *to surprise;* **no me extrañaría** *it wouldn't surprise me*

la **extrañeza** *strangeness*

extraño/a *strange*

fabricar *to make*

la **facilidad** *ease*

falsear *to falsify*

la **falta** *fault*

faltar *to be missing, to be lacking, to need*

fallar *to fail;* **ha fallado** *he/she/it has failed*

la **fama** *fame*

los **familiares** *relatives*

familiarizarce *to become familiar*

el **fantasma** *ghost*

fascinar *to be fascinating, to love;* **le ha fascinado** *he/she has loved, has been fascinated by*

fatal *horrible, lousy*

la **felicidad** *happiness*

feliz (pl. **felices**) *happy*

feo/a *ugly;* **feísimo/a** *very ugly*

feroz *ferocious*

ferviente *ardent*

ficticio/a *fictional*

fiel *accurate, faithful*

fijarse *to notice;* **ni siquiera se había fijado** *he had not even noticed;* **¿quién se va a fijar?** *who is going to notice?*

fíjate *imagine!*

fijo/a *steady*

los **fines** *aims, objectives*

firmar *to sign;* **pudo haber firmado** *he/she could have signed*

florecer *to bloom*

flotar *to float*

los **fondos** *funds, money*

formar *to form*

formular *to devise;* **había formulado** *I/he/she had developed*

la **fortaleza** *fortress*

la **fortuna** *fortune, good luck*

fotografiar *to photograph*

frente *in front*

frente: hacer frente a *to stand up to, to face up to*

fresco/a *fresh*

la **frontera** *border*

el **fuego** *fire*

la **fuente** *fountain, spring*

fuera *out*

fuera (inf. **ser**) *were*

fuerte *strong*

la **fuerza** *strength*

la **fuga** *escape*

funcionar *to work*

fundar *to found, to start*

la **furia** *fury;* **hecho una furia** *in a rage*

el **futbolista, la futbolista** *soccer player*

el **futuro** *future*

el **ganador** *winner*

ganar *to gain, to win;* **no se gana** *nothing is gained*

ganarse la vida *to make a living*

el **gasto** *expense*

el **género** *genre*

el **genio** *genius*

la **gente** *people*

la **gentileza** *kindness*

el **gerente** *manager*

gesticular *to gesture*

girar *to spin*

gobernar *to govern*

la **golondrina** *swallow (bird)*

el **golpe de estado** *coup d'état, takeover*

golpear *to bang, to hit*

la **gorra** *cap*

grabar *to tape, to record*

la **gracia** *grace, charm*

graduarse *to graduate*

el **gráfico** *table, chart, graph*

grande *big;* **grandote** *very big*

el **grito** *yell, scream*

el **grupo de debate** *discussion group*

el **guardaespaldas** *bodyguard*

guardar *to keep;* **no pudiera guardarla** *couldn't keep her*

la **guerra** *fight, war*

la **guía** *guide*

el **guión** *script*

el **guionista, la guionista** *scriptwriter*

el **guitarrista, la guitarrista** *guitar player*

gustar *to like;* **le gusten** *that he/she might like;* **me gustaba** *I liked;* **no le gustaba** *he/she didn't like;* **que más te guste** *that you like the best*

el **gusto** *sense of taste*

haber *to have, for there to be;* **ha habido** *there has/have been;* **había** *there was, there were;* **había estado** *I had been;* **si siquiera hubiera** *if he had at least;* **sin que haya habido** *without there having been*

hábilmente *skillfully*

habitar *to inhabit*

el **habla común** *informal speech*

el **hablante** *speaker*

hablar *to talk;* **nos quedamos hablando** *we talked;* **que hablaríamos** *that we would talk;* **que me hablara** *that he talk to me*

hacer *to do;* **hacían** *they would do;* **lo hacía** *I/he/she/it used to do it;* **lo haría** *I/he/she/ would do it;* **¿lo harías también?** *would you do it too?;* **lo que hubiera hecho** *what I should have/would have done;* **que hiciera el ridículo** *that I make a fool of myself;* **que hizo** *that he/she did;* **que yo haga** *for me to do*

hacerle caso *to pay attention to, to notice*

hacia *towards*

haga (inf. **hacer**) *make*

hagan (inf. **hacer**) *make, have* (pl.)

el **hambre** *hunger;* **muerto de hambre** *dying of hunger*

haría (inf. **hacer**) *I/he/she/it would do*

la **harina** *flour*

harto *fed up;* **estar harto/a** *to be sick of*

hasta *until;* **hasta que** *until;* **hasta cuando** *until*

el **hecho** *fact*

hecho/a una furia *furious*

la **herida** *wound*

hermanito *little brother*

la **herrería** *uproar*

el **hilo** *thread;* **los hilitos** *little threads*

la **historia** *story*

la **historieta** *cartoon*

la **hoguera** *bonfire*

la **hoja** *sheet of paper*

la **hojarasca** *dead leaves*

el **hombre** *man;* **el hombre de tus sueños** *the man of your dreams*

honrado/a *honest*

honrar *to honor*

horrorizado/a *horrified*

el **hoyo negro** *black hole*

hubiera (inf. **haber**) *there would be*

huidizo/a *elusive*

la **humillación** *humiliation*

el **humor** *mood;* **anduve de un humor de perros** *I was in a terrible mood*

hundir *to sink;* **me hundía cada vez más** *I got into deeper trouble*

iba (inf. **ir**) *I/he/she was going;* **iba a haber** *there was going to be;* **iba a ser** *I/he/she/it was going to be*

idear *to think up*

la **identidad** *identity*

identificar *to identify;* **han identificado** *they have identified;* **identifiquen** *identify* (pl.)

el **idioma** *language*

ignorar *to ignore*

igual *the same;* **sin igual** *without equal*

igualmente *in the same way*

ilustrar *to illustrate, to show;* **que ilustre** *that illustrates*

la **imagen** *image*

imaginar *to imagine;* **imagínate** *imagine;* **que jamás habíamos imaginado** *than we had never imagined;* **¿te has imaginado?** *have you ever imagined?*

imaginario/a *imaginary*

importante *important;* **lo más importante** *the most important thing*

importar *to matter;* **lo que importa** *what matters*

imprescindible *essential*

impresionar *to impress*

inaguantable *unbearable*

incendiar *to burn;* **incendiará** *he/she will burn*

incluir *to include*

incomprensivo/a *intolerant, unsympathetic*

inconcebible *unbelievable*

indefinidamente *indefinitely*

indígena *indigenous, native*

inevitable *unavoidable*

inexpugnable *inexplicable*

la **infancia** *infancy, childhood*

infinito/a *infinite*

la **influencia** *influence*

la **información de último momento** *up-to-the-minute information*

informarse *to learn*

la **infracción** *infraction, offense*

injusto/a *unfair*

inmediato *immediate*

inmenso/a *huge*

la **inmortalidad** *immortality*

inolvidable *unforgettable*

inquieto/a *worried*

inscribir *to sign up, to join*

inscrito/a *inscribed*

insensato/a *senseless*

inservible *useless*

insinuar *to insinuate*

insistir *to insist*

inspirar *to inspire*

instalarse *to settle (into)*

instantáneo/a *instantaneous, immediate*

el **instante** *instant*

insultar *to insult*

intelectual *intellectual*

la **intención** *intention*

intentar *to try, to attempt*

el **intento** *try*

intercambiar *to exchange*

interesar *to interest;* **que te interese** *that interests you*

el **intermediario, la intermediaria** *intermediary*

interminable *endless*

el **internado** *boarding school*

interrumpir *to interrupt*

introducir *to introduce*

inútil *useless*

invariable *unchanging*

inventar *to invent*

la **investigación** *research*

la **invulnerabilidad** *invulnerability*

ir *to go;* **¿he de irme?** *shall I go? ;* **irás** *you will go*

jamás *never*

el **jaque mate** *checkmate*

la **jaula** *cage*

el **jefe** *chief*

el **jeroglífico** *hieroglyphic*

el **joven, la joven** *youth, teenager*

el **juez, la jueza** *judge*

juntar *to get together, to collect, to raise;* **que estamos juntando** *that we are saving*

juntarse *to get together, to come together*

jurar *to swear*

justificar *to justify*

justo/a *fair, deserved;* **no es justo** *it's not fair*

el **labio** *lip*

laborioso/a *laborious*

el **lado** *side;* **a mi lado** *at my side*

el **ladrón, la ladrona** *thief*

el **ladronzuelo** *petty thief*

lanzar *to throw;*

lanzaban *they threw*

la **lástima** *pity*

el **lector, la lectora** *reader*

la **lectura** *reading*

el **lecho** *bed*

leer *to read;* **han leído** *they have read;* **has leído** *you have read;* **leería** *would read;* **que lea** *that he/she read;* **que leamos** *that we read;* **ir leyendo** *to read*

lejano/a *distant*

el **lenguaje** *language*

la **letra** *handwriting*

el **letrero** *sign*

levantar *to raise*

levantarse *to get up;* **se ha estado levantando** *he/she has been getting up;* **te has levantado** *you have gotten up*

la **ley** *law*

las **leyes** *law (profession)*

libertarse *to free oneself*

librarse *to liberate oneself*

libre *free*

el **lío** *trouble, mess*

la **lírica** *lyrical poetry*

listo/a *ready*

literalmente *literally*

la **literatura infantil** *children's literature*

la **llama** *flame*

la **llamada** *call*

llamar *to call;* **que llamara** *that he call*

la **llanta desinflada** *flat tire*

la **llegada** *arrival*

llegar *to arrive;* **íbamos a llegar** *we were going to arrive;* **le llegaban a** *they were up to;* **llegaba** *I/he/she/it arrived;* **para**

que llegue *for him/her to arrive*
llenar *to fill*
lleno/a *full*
llevar *to take, to wear, to lead, to have;* **llevaba** *I/he/she/it had;* **llevaremos** *we will take;* **llevar puesto** *to wear;* **me llevará** *he/she/it will take me;* **que me llevaría** *that would take me*
la **llovizna** *drizzle*
lo que *what;* **lo que dice** *what is said;* **lo que uno es** *what one is*
el **loco, la loca** *crazy person;* **cada loco con su tema** *everyone has his/her own scheme*
el **locutor, la locutora** *announcer*
lograr *to manage to, to succeed;* **ha logrado** *he/she/it has accomplished*
el **logro** *accomplishment*
la **lucecita** *small light*
lucir *to look*
la **lucha** *battle*
luchar *to struggle*
el **lugar** *place;* **en lugar de** *instead of;* **en su lugar** *instead;* **tener lugar** *to take place*
la **luna** *moon*
la **luz** *light*

madurar *to mature, to think out*

el **maestro, la maestra** *teacher*
el **mago, la maga** *magician*
la **maldad** *bad deed*
malentender *to misunderstand;* **no me malentiendan** *don't misunderstand me*
el **malentendido** *misunderstanding*
el **maletín** *briefcase*
malhumor *bad mood*
malhumorado/a *ill-tempered*
malinterpretar *to misinterpret;* **que malinterpretara** *that I/he/she would misinterpret*
malísimo *very bad*
mandar *to send*
el **mandato** *command*
la **manera** *way*
la **manga** *sleeve*
maniobrar *to maneuver*
la **mano** *hand;* **a mano** *by hand;* **de la mano** *holding hands;* **tener algo a la mano** *to have something at hand;* **tomar de la mano** *take by the hand*
mantener *to maintain;* **mantuvo** *he/she/it maintained*
el **manuscrito del Mar Muerto** *Dead Sea Scrolls*
el **mar** *sea*
la **marca** *brand name*
marcar *to dial;* **marqué** *I dialed*
marchar *to leave*
el **marinero** *sailor*

más *more;* **de más** *additional, extra;* **más o menos** *more or less*
las **masas** *masses*
matar *to kill;* **si las miradas mataran** *if looks could kill*
el **material escolar** *school supplies*
el **matrimonio** *married couple, marriage*
los **mayores** *adults;* **lo que iban a ser de mayores** *what they were going to be when they grew up*
la **mayoría** *majority*
la **medianoche** *midnight*
el **médico, la médica** *doctor*
los **medios de comunicación** *means of communication*
mejor *better, best;* **el/la mejor amigo/a** *best friend;* **mejor que nadie** *better than anyone*
mejorar *to improve*
la **melodía** *melody*
mencionar *to mention*
menos *less, least, except*
menos mal *thank heavens!*
el **mensaje** *message*
la **mente** *mind*
la **mentira** *lie;* **parece mentira** *it seems impossible*
el **mentiroso, la mentirosa** *liar*
el **mercado** *market(place)*
merecer *to deserve;* **no sentía que merecía** *I didn't think I deserved*

...tro de la onda
...know
...goal
...er to put; **se habían**
...netido they had found
themselves
meter la pata to make a
big mistake, to blow it
el **método** method
el **miedo** fear
mientras while; **mientras
tanto** in the meantime
mira que si... imagine if…
la **mirada** look
mismo/a the same; **el
niño mismo** the child
himself
el **misterio** mystery
el **mocoso, la mocosa** brat
mojado/a wet
molestar to bother; **me
hubiera molestado**
it would have bothered
me
molestarse to worry, to be
concerned with
la **moraleja** moral
morir to die; **habría
muerto** I/he/she/it
would have died
la **mosca** fly
mostrar to show; **me
han mostrado** they
have shown me
el **motivo** reason
el **móvil** cell phone
la **muchacha** girl
el **muchacho** boy; **el
muchacho de mis
sueños** boy of my
dreams
la **muerte** death
muerto de risa dying of
laughter

muerto de vergüenza
dying of embarrassment
la **mujer** woman
mundialmente
worldwide
el **mundo** world
mutuo/a mutual

nacer to be born
el **nacional** citizen
la **narrativa** story
la **naturaleza** nature
navegar to navigate;
andar navegando to
be sailing
la **necesidad** necessity
necesitar to need; **que
necesitaba** that he/she
needed
el **nervio** nerve
ni hablar no way!
ni siquiera don't even, not
even
el **nieto** grandson
ningún none, any
ninguno/a none
el **Niño Dios** Christ Child
la **nota** note
notar to notice
las **noticias** news; **querían
noticias** they wanted to
have news
la **novia** girlfriend
nuevo new; **de nuevo**
again

obedecer to obey
el **objeto** object

obligar to force, to compel;
se vio obligada she felt
compelled
la **obra** work; **la obra
teatral** play
obscuro/a dark
el **obstáculo** obstacle
obtener to get, to obtain
obvio obvious
ocultarse to hide oneself
oculto/a hidden
ocupar to occupy
la **ocurrencia** idea; **la feliz
ocurrencia** bright
idea
ocurrir to happen, to
occur; **había ocurrido**
had happened; **no se
me había ocurrido**
that hadn't occurred to
me
ofensivo/a offensive
la **oferta** special offer, sale;
en oferta on sale
el **oído** sense of hearing
oír to hear
la **ola** wave
el **olfato** sense of smell
el **olor** smell
olvidar to forget; **me había
olvidado** I had forgotten
el **olvido** oblivion, forgetting
onda: ¿qué onda? what's
up?
la **operación** surgery;
operaciones sin éxito
unsuccessful surgeries
opuesto/a opposite
la **oración** sentence
la **orden** order; **a sus
órdenes** at your/their
orders
el **ordenador** computer
el **orgullo** pride

el **oro** *gold*
el **oyente** *listener*

la **paciencia** *patience*
el **pacto** *pact, agreement*
padecer *to suffer, to undergo*
el **país** *country;* **el país natal** *country of one's birth*
el **paisaje** *landscape*
la **palabra** *word*
el **paleto** *loser;* **¡qué paleto!** *what a loser!*
pálido/a *pale*
palpitante *throbbing*
las **pampas** *northern desert region of Chile*
la **pantalla** *screen*
el **papel** *role*
el **par** *pair*
para cuando *when*
el **paraíso** *paradise*
parar *to stop*
pararse *to stand;* **estar parado** *to be standing*
parecerse *to look like, to seem like, to appear;* **alguien que se parezca** *someone who resembles;* **¿en que se parecen?** *how are they alike?* **se parecen** *they are alike*
la **pared** *wall*
el **párrafo** *paragraph*
la **parte superior** *top part*
particular *personal, private, specific*
partir *to leave;* **a partir** *starting from*

el **pasaje** *passage*
pasar *to pass, to spend time, to happen;* **pasarla bien** *to have a good time;* **lo que había pasado** *what had happened;* **lo que pasa** *what is happening, what happens;* **no les pasó nada** *nothing happened to them;* **¿qué le pasaría?** *what would happen?;* **¿Qué pasó?** *What happened?*
el **pasillo** *hall, aisle*
el **paso** *the passing, step, gait*
el **pasto** *pasture, grass*
los **patines** *skates*
la **pausa** *pause*
el **pecho** *chest*
el **pedazo** *piece;* **el pedacito** *little piece*
pegar *to hit*
pelear *to fight*
el **peligro** *danger*
el **pelo** *hair;* **me estás tomando el pelo** *you're pulling my leg*
la **pena** *sorrow, suffering*
penetrar *to penetrate*
el **pensamiento** *thought*
pensar *to think;* **estarás pensando** *you might be/will be thinking;* **piénsenlo** *you* (pl.) *think about it*
pensar *to think;* **pensaba** *I thought*
pensativo/a *pensive, thoughtful*
el **penúltimo, la penúltima** *next to last*
peor *worse*
pequeño/a *small;*

pequeñito/a *very small*
percibir *to perceive*
perder *to lose;* **él no se lo pierde** *he wouldn't miss it;* **he perdido** *I have lost*
perder el volante *to lose control*
perdido/a *lost*
el **perdón** *forgiveness*
perdonable *forgivable*
perdóname *forgive me*
perecer *to die, to perish*
perfectamente *perfectly*
el **perfume** *perfume*
el **periodismo** *journalism*
el **periodista, la periodista** *journalist*
permanecer *to remain*
el **permiso** *permission*
permitir *to allow*
perseverar *to persist*
persistente *persistent*
el **personaje** *a character (in a literary work, a play or a movie)*
persuasivo/a *persuasive*
pertenecer *to belong;* **no pertenezco** *I don't belong*
la **pesadilla** *nightmare*
el **pesar** *regret;* **a mi pesar** *to my sorrow;* **a pesar** *in spite*
pidas (inf. **pedir**) *ask for*
la **piedra** *stone*
piensa (inf. **pensar**) *think*
pillar *to catch;* **me pillaba** *he/she caught me*
la **pinta** *look, appearance;* **tener toda la pinta** *to have all the makings*
pintar *to paint;* **se**

pintaran el pelo de morado *they would dye their hair purple*

pisar *to step on*

la **pista de baile** *dance floor*

planear *to plan*

pleno/a *full;* **pleno silencio** *complete silence*

poblano/a *from Puebla, México*

poder *to be able;* **habría podido** *would have been able;* **no creo que pueda** *I don't believe he/she will be able to;* **para que pueda** *so he can;* **podrá** *he/she/it will be able to;* **podrán** *they will be able;* **que yo pudiera continuar** *that I could continue*

el **poder** *power*

poderoso/a *powerful*

el **poema** *poem*

la **poesía** *poetry*

el **poeta** *poet*

la **poetisa** *poet* (f.)

el **policía** *police officer*

el **polvo** *dust*

poner *to put;* **pon** *put;* **poner atención** *to pay attention;* **pongan** (inf. **poner**) *put* (pl.); **poniendo** *putting;* **que pongas atención** *that you pay attention*

ponerse *to put on, to become, to get;* **deja que me ponga** *let me wear;* **no me los pondré** *I will not wear them;* **ponerse de puntillas** *to stand on*

one's tiptoes; **ponerse malo** *to fall ill;* **que se haya puesto ese nombre** *that he/she has chosen that name;* **se le puso cara de terror** *he/she had an expression of terror*

la **popularidad** *popularity*

por ahora *for now*

por dentro *on the inside, deep down inside*

por desgracia *unfortunately*

por ejemplo *as example, for example*

por fuera *on the outside*

por lo menos *at least*

por lo tanto *therefore*

por lo visto *obviously, as can be seen*

por medio de *by means of*

por mi parte *as for me*

portarse *to behave;* **me he portado bien** *I have behaved well*

poseer *to own*

las **posesiones** *belongings, possessions*

practicar *to practice;* **practiquen** *practice* (pl.)

precioso/a *lovely, wonderful*

el **precipicio** *precipice, cliff*

precisamente *exactly, precisely*

preciso/a *precise, clear, essential, exact*

predecible *predictable*

la **predicción** *prediction*

la **preferencia** *preference*

preferido/a *favorite*

preferir *to prefer;* **haya preferido** *has preferred;* **que prefiera** *that I/he/she prefer*

preguntar *to ask*

prehispánico/a *pre-Columbian*

prehistórico/a *prehistoric*

premeditado/a *premeditated*

el **premio** *prize*

la **presencia** *presence*

prestar *to lend;* **prestar atención** *to pay attention*

prestarse *to lend itself*

la **prestidigitación** *conjuring methods*

el **prestigio** *prestige*

presumido/a *conceited*

el **presupuesto** *budget*

previo/a *previous*

principal *main, most important*

el **príncipe** *prince*

el **principio** *beginning*

la **prisa** *hurry*

la **prisionera** *prisoner* (f.)

probable *probable, likely*

probar *to try, to try on;* **que jamás había probado** *that I had ever tasted*

producir *to produce;* **ha producido** *he/she/it has produced*

profundamente *profoundly*

profundo/a *profound*

prolíficamente *prolifically*

prolífico/a *productive*

prometer *to promise*
pronto *soon*
propio/a *own;* **como si fueran propios** *as though they were my/his/her own*
proporcionar *to provide;* **ha proporcionado** *he/she/it has provided*
el **propósito** *purpose*
la **prosa** *prose*
próximo/a *next*
la **prueba** *test, proof*
publicar *to publish;* **había publicado** *I/he/she had published*
el **público** *audience*
pudo (inf. **poder**) *he/she/it could; was able to*
el **pueblo** *village, the people*
la **puerta cancel** *inner door*
el **puerto** *port*
pues *after*
el **pulgar** *thumb*
el **punto** *point;* **hasta cierto punto** *up to a certain point*
el **punto de vista** *point of view*
el **puño** *fist*
puro/a *pure*

quedar *to remain, to be left with;* **ha quedado** *has remained;* **he de quedar** *I am to remain;* **le quedan** *fit him/her;* **les queda a ustedes** *it is up to you;* **¿nada quedará?** *will nothing remain?;* **quedaban** *they were left;* **quedamos en** *we arranged, agreed;* **te has quedado** *you have stayed;* **va a quedar** *is going to turn out*
la **queja** *complaint*
quemar *to burn*
querer *to love, to want;* **como la quieras** *however you want;* **la quería** *I loved her;* **la quise** *I loved her;* **lo que yo quería** *what I wanted;* **me quiso** *he/she loved me;* **no has querido** *you have refused;* **no quisiera** *I/he/she didn't want;* **que quieras** *that you want;* **quería** *I/he/she wanted;* **¿querías?** *did you want to?*
quise (inf. **querer**) *loved*
quiso (inf. **querer**) *he/she wanted, he/she loved*
quitar *to take off, to remove, to take away;* **me quitaban** *they would take off;* **quitarle** *to take away something from someone*
quizá *maybe*

raro/a *strange, unusual*
el **rasgueo** *strumming*
la **razón** *reason;* **tener la razón** *to be right*
la **reacción** *response, reaction*
reaccionar *to react;* **han reaccionado** *they have reacted*
rechazar *to reject, to refuse;* **rechazaría** *I/he/she would reject*
el **rechazo** *rejection*
recibir *to receive;* **habíamos recibido** *we had received;* **ha recibido** *he/she/it has received*
reciente *recent*
el **recinto** *surroundings*
reclamar *to demand, to claim*
recobrar *to recover*
recoger *to pick up;* **la recogí** *I picked it up*
reconocer *to recognize;* **había reconocido** *I/he/she had recognized;* **ha sido reconocida** *She has been recognized*
reconocido/a *recognized*
el **reconocimiento** *recognition;* **el reconocimiento mundial** *world-wide recognition*
recordar *to remember;* **le harían recordar** *would make him remember;* **que recuerdes** *that you remember;* **recuerda** *remember*
el **recuerdo** *keepsake, souvenir*
recurrir *to turn to*
los **recursos** *resources*
la **red** *net, network*
el **redactor, la redactora** *writer*
referirse a *to refer to*
reflejar *to reflect*

el **reflejo** *reflection*

el **regaño** *scolding*

registrar *to register, to notice*

regresar *to return;* **cuando regrese** *when he/she/it returns;* **para que regresara** *so that I/she/it would return*

el **regreso** *return*

el **reino** *kingdom*

reír *to laugh;* **nos dieron ganas de reír** *we felt like laughing;* **que me hagan reír** *that make me laugh;* **reírse a carcajadas** *to split one's sides laughing;* **se rió** *he/she laughed*

la **relación** *relationship*

relacionarse *to be related;* **como se relacionan las unas con las otras** *how they are related*

el **reloj de arena** *hourglass*

el **remedio** *remedy;* **no tengo otro remedio** *I have no other choice;* **no tenían más remedio** *They had no other choice*

el **remolino** *whirlwind*

remontar *to soar, to overcome*

la **renovación** *renewal*

renovado/a *renewed*

el **reparto** *casting (in theater)*

repasar *to review*

repetido/a *repeated*

repetir *to repeat*

el **reportero, la reportera** *reporter*

representar *to represent, to portray, to act*

el **rescate** *rescue*

residir *to live (in), to reside*

resolver *to solve*

respaldar *to support;* **que respalden** *that support*

respirar *to breathe*

la **respuesta** *answer*

restante *remaining*

el **resto** *the rest*

resueltamente *resolutely*

resuelto/a *resolved*

el **resultado** *result*

retener *to retain*

retirar *to retire;* **retirándose al lecho** *going to bed*

el **retorno** *return*

retrasar *to delay*

el **retraso** *delay;* **(...horas) de retraso** *(...hours) late*

reunirse *to meet*

revelar *to reveal*

revisar *to check, to review*

ríe (inf. **reír**) *he/she laughs*

la **risa** *laughter;* **se mataban de risa** *they died laughing*

el **ritmo** *rhythm*

robar *to steal*

el **rocío** *dew*

rodear *to surround*

la **rodilla** *knee*

los **rollos** *boring lectures*

el **rompecorazones** *heartthrob, heart breaker*

romperse *to break;* **no se rompen nunca** *they never tear;* **se rompían** *they tore*

la **rosa** *rose*

la **rueda** *wheel*

ruego (inf. **rogar**) *I beg*

rumbo a *on the way to*

la **rutina** *routine*

saber *to know;* **no sabía** *I/he/she didn't know;* **no sé qué** *I don't know what;* **sabía** *I/he/she knew;* **¿sabías qué...?** *did you know . . .?;* **sabrás** *you will know;* **si puede saberse** *if it can be known*

sabio/a *wise*

el **sabor** *flavor*

saboreando *savoring*

sabroso/a *delicious*

sacar *to remove, to take out;* **ha sacado** *he/she has taken out*

sacar a bailar *to ask to dance*

sacudir *to shake;* **que sacudía** *that was shaking*

saldrán (inf. **salir**) *will turn out to be*

la **salida de la escuela** *dismissal*

salir *to go out, to leave, to turn out;* **había salido** *I/he/she had gone out;* **no salió con** *he/she didn't come up with;* **puede haber salido** *it may have turned out;* **que hubiera salido** *that he had gone out;* **sale en la tele** *it is shown on TV;* **salen** *they turn out;* **se salía**

siempre con la suya
*he/she always got
his/her way*

el **salón (de clase)** *classroom*

saltar a tierra *to leap
ashore*

saludar *to greet*

la **salvación** *salvation*

salvar *to save*

el **santo** *saint*

satisfecho/a *satisfied*

la **sazón** *seasoning*

sé (inf. **ser**) *be!*

sea (inf. **ser**) *be;* **o sea** *or
rather*

seguir *to follow, to
continue;* **que sigamos**
that we follow; **seguí
conversando** *I kept
talking*

según *according to*

segundo/a *second*

seguro/a *sure, certain*

la **selva** *jungle*

semejante *similar;*
semejante cantidad
such an amount

sencillo/a *simple*

sentarse *to sit down;*
siéntate *sit down*

el **sentido** *meaning, sense*

el **sentimiento** *feeling*

sentir *to hear*

sentirse *to feel;* **cómo se
sentía** *how he/she felt;*
iba sintiéndose *he/she
was feeling;* **se ha
sentido** *he/she has felt*

la **seña** *sign*

señalar *to show, to point*

el **señorío** *dominion*

sepa (inf. **saber**) *know;*
que no lo sepas *that
you don't know it;* **sin**

que lo sepa *without
his/her knowing*

separar *to separate;* **que
nos separa** *that
separates us*

ser *to be;* **¿cómo sería?**
how would it be?;
cuando sea *when it is;*
ha sido *he/she/it has
been;* **hubiera sido**
would have been; **no
seas** *don't be;* **que sea**
that it be; **¿quién será?**
who can it be?; **será**
he/she/it will be; **serían**
they would be

el **ser** *being;* **el ser humano**
human being

la **serie** *series*

la **seriedad** *seriousness*

serio/a *serious;* **en serio**
seriously

servir *to serve, to be of
use;* **me sirve de algo**
comes in handy; **para
servirles** *at your/their
service*

el **seudónimo** *pen name*

si *if*

sí mismo *oneself,
himself/herself*

sido (inf. **ser**): **ha sido**
he/she/it has been;
hubiera sido *I/he/she/it
would have been*

siga (inf. **seguir**) *follows*

el **siglo** *century*

el **significado** *meaning*

significar *to mean*

sigue (inf. **seguir**) *follows;*
sigue siendo *keeps on
being*

siguiente *following*

el **silencio** *silence*

el **símbolo** *symbol*

simplemente *simply*

sin *without*

sin duda *without doubt;*
sin duda alguna
without any doubt

sin embargo *nonetheless*

sin igual *without equal*

sino *but rather*

la **sirena** *mermaid*

el **sitio** *place*

sobre todo *especially*

sobrehumano/a
superhuman

sobrenatural
supernatural

sobrevivir *to survive;*
han sobrevivido *they
have survived*

socializar *to socialize*

el **Sol** *the Sun*

solamente *only*

la **soledad** *solitude, loneliness*

solitario/a *alone*

solo/a *alone;* **a solas** *alone*

soltar *to let go;* **suelta** *let
go*

soltero/a *single*

la **solución** *solution*

solucionar *to solve*

la **sombra** *shadow*

el **sonar** *ring (of a telephone)*

sonar *to ring (telephone);*
suena *it rings*

**sonreír para mis
adentros** *to smile to
myself*

sonriente *smiling*

la **sonrisa** *smile*

soñar *to dream;* **soñaba**
I/he/she/it dreamed

soportar *to tolerate;* **no
soportaría** *I/he/she/it
would not stand*

sorprender *to surprise*

la **sorpresa** *surprise*

sospechar *to suspect*

sospechoso/a *suspicious*

suavemente *softly*

subrayar *underline*

el **suceso** *event;* **el suceso de actualidad** *current event*

el **suelo** *floor*

suena (inf. **sonar**) *rings*

el **sueño** *dream, sleep;* **el sueño encantador** *delightful dream*

la **suerte** *luck;* **de pura suerte** *luckily, by pure luck*

suficiente *enough*

sufrir *to suffer, to experience*

sugerir *to suggest;* **como te lo sugiere** *how it is suggested by;* **¿qué sugerirías?** *what would you suggest?;* **que sugiere** *that he/she suggests*

suicidarse *to commit suicide*

supe (inf. **saber**) *I knew, found out*

superlinda *very pretty*

supuesto/a *so-called*

surtir *to produce;* **debió surtir** *must have produced*

la **sutileza** *subtlety*

suyo/a *his/hers*

el **tablero** *bulletin board*

el **tacto** *sense of touch*

tal vez *perhaps*

talentoso/a *talented*

el **tamaño** *size*

tampoco *not either, neither*

tan *so*

tanto *as much*

tapado/a *covered*

tardar *to take*

la **tasa: sin tasa** *boundless*

el **té** *tea party*

el **techo** *roof*

el **tema** *subject, topic*

temblar *to tremble;* **quede temblando** *(that it) be left trembling*

el **temperamento** *character*

la **temporada** *season*

tenazmente *tenaciously*

tenebroso/a *gloomy*

tener *to have;* **cuando no tenías** *when you didn't have;* **has tenido** *You have had;* **hubiera tenido** *I/he/she/it had had;* **la tuve entre mis brazos** *I had her in my arms;* **que hayas tenido** *that you have had;* **que tenga** *that has;* **que tengas** *that you have;* **tendrás** *you will have;* **tendré** *I will have;* **tener que** *to have to;* **tenía** *I/he/she/it had*

tener deseos *to want something*

tener en cuenta *to take into account;* **tengan en cuenta** *take into account*

tener que ver *to have do with;* **tengan algo que ver** *have something to do with*

tener razón *to be right*

la **teoría** *theory*

tercero/a *third*

terminar *to end, to finish;* **ha terminado** *is over;* **terminará** *he/she will end up*

la **terna** *list of three*

la **ternura** *tenderness*

el **terremoto** *earthquake*

el **territorio** *territory*

la **tertulia literaria** *literary discussion group*

el **testigo** *witness*

el **texto** *text*

el **tiempo** *time;* **no le daría tiempo** *would not have time*

la **Tierra** *Earth*

las **tinieblas** *darkness*

el **tipo** *type*

tirar *to throw*

tiritar *to tremble*

titulado/a *titled*

el **titular** *headline*

el **título** *title*

tocar *to touch;* **tocar a la puerta** *to knock on the door*

todo *everything;* **todo el mundo** *everyone*

tomar *to take;* **debería haber tomado** *I/he/she should have taken;* **tomado/a de** *taken from;* **tomar en cuenta** *to take into account;* **tomar una decisión** *to make a decision;* **tomar vida propia** *to take on a life of its own*

la **tonelada** *ton*

el **tono** *tone*

la **tontería** *foolishness;* **es una solemne tontería** *it is downright madness*

la **torpeza** *clumsiness*

la **torre** *tower*

el **torrente** *torrent*

traducir *to translate*

traer *to bring;* **había traído** *I/he/she/ had brought;* **traer consigo** *to bring with it*

tragar *to swallow;* **¿has tragado?** *Have you swallowed?;* **para que la tierra me tragara** *so that the earth would swallow me*

la **traición** *betrayal*

traiga (inf. **traer**) *bring*

la **trama** *plot*

tramar *to plot*

la **tranquilidad** *calmness*

el **transcurso** *course (of time)*

el **trapo** *rag*

tras *after*

trasladarse *to move (from one place to another)*

tratar *to try, to deal with;* **no se trataba** *it did not have to do with;* **que se va a tratar** *that is the subject of;* **que trate** *that deals with;* **se trata** *is about;* **se va a tratar** *is going to be dealt with;* **va a tratar** *is going to deal with*

la **travesía** *long journey*

la **travesura** *mischievous deed*

el **triciclo** *tricycle*

la **tristeza** *sorrow, sadness*

el **trozo** *passage*

el **tsunami** *tidal wave*

turbio/a *cloudy, turbulent*

turnarse *to take turns;* **túrnense** *take turns*

el **turno** *turn*

tuviera (inf. **tener**) *I/he/she/it had*

último/a *last*

el **único, la única** *only one;* **lo único** *the only thing*

único/a *only*

unido/a *joined together, united*

universitario/a *belonging to or referring to the university*

la **uña morada** *bruised (toe)nail*

usar *to use;* **al usar** *upon using;* **que usen** *that they use*

el **uso** *use*

el **usuario, la usuaria** *user*

útil *useful*

la **utilidad** *usefulness*

utilizar *to use;* **ha utilizado** *He/she/it has used*

la **vacilación** *hesitation*

vagabundo/a *vagrant, wandering*

valer *to be worth, to be fair;* **no vale** *no fair;* **no valen un**

pimiento *they are useless/worthless*

válido/a *valid*

valiente *brave*

valioso/a *valuable*

el **valor** *value*

la **vanguardia** *avant-garde*

vanidoso/a *vane*

los **vaqueros** *blue jeans*

variado/a *varied*

varios *various*

vaya *expression used to make fun of or mock*

vaya (inf. **ir**) **que no vaya a estar** *that he/she is not going to be*

la **vela** *sail*

la **velocidad** *speed*

vencer *to overcome;* **está vencida** *is defeated, is ended;* **que se da por vencido/a** *who gives up*

vender *to sell;* **venderlo** *to sell it*

venir *to come;* **cuando vengan** *when they come*

la **ventaja** *advantage*

ver *to see;* **a ver** *let's see;* **no tener nada que ver con** *to have nothing to do with;* **¿Qué verías?** *What would you see?;* **si tú te vieras** *if you could see yourself;* **verás** *you will see;* **veremos** *we shall see;* **verías** *you would see;* **verme** *to see myself;* **verse** *to see each other*

veras: de veras *really*

la **verdad** *truth, true*

verdaderamente *really, truly*

verdadero/a *true, real*

la **verdura** *vegetable*

la **vergüenza** *shame*

el **verso** *verse*

vestir *to wear;* **vestían** *they wore;* **van vestidos** *they are wearing*

vestirse *to get dressed;* **se vestirían** *they would dress;* **se viste** *he/she dresses*

vez tras vez *time and again, repeatedly*

la **vía rápida** *fast track*

viajar *to travel;* **ha viajado** *He/she has traveled*

vibrante *vibrant*

la **victoria** *victory*

victorioso/a *victorious*

la **vida** *life;* **la vida cotidiana** *daily life*

vigilar de reojo *to watch out of the corner of one's eye*

la **vigilia** *vigil, wakefulness*

la **visita** *visit*

vislumbrar *to glimpse;* **se podía vislumbrar** *could be glimpsed*

la **vista** *sense of sight*

visto (inf. **ver**) *seen;* **como si hubiera visto** *as if he/she had seen;* **que lo había visto** *that I had seen him;* **si no lo hubiera visto** *if I hadn't seen it*

vivir *to live;* **ha vivido** *he/she/it has lived;* **tú has vivido, todos hemos vivido** *you have lived, we all have lived;* **vivía** *I/he/she/it lived*

volando *flying*

volar *to fly*

volver *to return;* **se ha vuelto** *has become*

la **voz** *voice;* **voz alta** *aloud*

la **vuelta** *return*

vuelve (inf. **volver**) *go back;* **vuelve a leer** *reread;* **vuelve a escribir** *rewrite*

ya que *since*

yendo (inf. **ir**) *going*

el **zaguán** *hallway entrance*

Respuestas

Capítulo 1

Antes de leer: **Actividades**

A. 1. b
   2. f
   3. c
   4. d
   5. e
   6. a

B. *Predictions will vary.*

Mientras lees: ¡**Conéctate!**

A. Es el primer día de su segundo año de colegio.

B. Se siente desesperada.

C. Un teléfono celular.

D. La narradora se llama Jessica y quiere un celular. Dice que lo necesita en caso de una emergencia y también porque es periodista y la comunicación instantánea es importante para ella.

E. La madre le dice que un celular no es necesario y que es más importante ahorrar el dinero para su educación universitaria.

F. La narradora sueña que todos en el colegio menos ella tienen celulares y que se burlan de ella porque no tiene uno.

G. Se levanta, se ducha, se viste, se pone los zapatos, baja a desayunar y come muy poco y en silencio.

H. No, no se dan cuenta.

I. Es importante porque al tener un celular se puede comunicar con sus amigos y así ser feliz y popular.

J. Elisa empieza a marcar un número en su celular.

K. El profesor Álvarez le quita el celular a Elisa, lo cierra y lo pone en su escritorio.

L. Les explica que no quiere ver celulares en la clase. Dice que si ve uno, lo va a confiscar hasta la Navidad.

M. Elisa cree que los celulares son necesarios y no sabe qué va a hacer sin su celular. Efraín no está de acuerdo.

N. Jessica encuentra una nota de El_Poeta.man en su libro de español.

Después de leer: **Actividades**

❶ 1. F; Jessica quiere un celular.
   2. F; La madre de Jessica cree que es fácil vivir sin un celular.
   3. C
   4. C
   5. F; El profesor Álvarez no permite el uso de celulares en su clase.
   6. C

❷ 1. la madre de Jessica
   2. el profesor Álvarez
   3. Jessica
   4. Efraín
   5. Elisa o Jessica
   6. Elisa

❸ *Descriptions will vary.*

Un poco más

❶ *Products and advertisements will vary.*

❷ *Debates will vary.*

Capítulo 2

Antes de leer: **Actividades**

A. 1. Miguelín
   2. mamá
   3. carísimos
   4. una tienda
   5. de marca
   6. le quedan
   7. tres pares
   8. vergüenza
   9. se van a burlar
   10. pesadilla
   11. nadie se fija

B.

Imperfecto	Infinitivo en español	Infinitivo en inglés	Significado en inglés
cerraba	cerrar	to close	closed
tenía	tener	to have	had
soñaba	soñar	to dream	dreamed
llegaba	llegar	to arrive	was arriving
vestían	vestir	to wear	were wearing
mataban	matar	to kill	were dying (laughing)

Respuestas 127

Mientras lees: **El lío de mis pantalones**

A. Están en frente del escaparate de una tienda.

B. Están hablando de los pantalones vaqueros de la marca *Wayne*.

C. Son carísimos.

D. Son los mejores según sus amigos y los anuncios comerciales.

E. Van a una tienda feísima donde venden ropa barata.

F. Encuentran unos vaqueros que están en oferta, tres por sólo 1.999 pesetas.

G. Según el narrador, los pantalones no le quedan nada bien. Según su mamá, le quedan perfectamente.

H. Le compra tres pares de vaqueros en oferta.

I. Sí. Va a ponerse los pantalones, aunque no le gustan, porque su mamá siempre se sale con la suya.

J. Sueña que todo el mundo se burla de él y de sus pantalones malísimos. También sueña que le quitan los pantalones y los destrozan.

K. Se llama Miguelín.

L. Le pide permiso para ponerse otros pantalones.

M. Le explica que en el colegio se van a burlar de él porque los pantalones no son de marca. Ella le responde que nadie se fija en las marcas.

N. Se siente horrible.

O. Se encuentra con sus amigos Rebeca, Blas y Rubén.

P. Se miran con sorpresa porque todos llevan los mismos vaqueros baratos.

Q. Empiezan a reírse.

R. Sí. Sus amigos y él están tan contentos cuando entran al colegio que nadie se fija en que sus vaqueros no son de la marca *Wayne*.

Después de leer: **Actividades**

❶ *Answers will vary.*

❷ *Answers will vary. Possible answers:*
1. Está enfadado/frustrado.
2. Está horrorizado.
3. Está enfadado y avergonzado.

4. Está furioso y se pone de mal humor.
5. Está muy preocupado.
6. Está desesperado. Se siente horrible.
7. Está triste/deprimido.
8. Está contento. Siente un gran alivio.

❸ 1. (7) Rubén, Rebeca y Blas llegaron al colegio de mal humor.
2. (3) Miguelín miró a su madre horrorizado.
3. (5) La madre de Miguelín le compró los vaqueros en oferta.
4. (1) Miguelín y su madre hablaron en frente del escaparate.
5. (6) Miguelín pasó una noche horrible.
6. (10) Todo terminó bien.
7. (2) Miguelín y su madre fueron a una tienda feísima.
8. (9) Las mamás de Rubén, Rebeca y Blas también les compraron los vaqueros baratos.
9. (4) Miguelín y su madre empezaron a discutir.
10. (8) Miguelín se encontró con sus amigos en la puerta del colegio.

❹ 1. Quiero
2. quieres
3. Puedes/Quieres
4. Quieres
5. Puedo/Quiero
6. podemos
7. podemos/puedo
8. queremos
9. puedo

❺ *Descriptions will vary.*

❻ 1. Sí. Ella quiere un celular y su madre no quiere comprárselo. Él quiere unos vaqueros de marca *Wayne* y su madre no quiere comprárselos.
2. Ella tiene pesadillas y se siente mal, pero al final decide que necesita encontrar el dinero ella misma. Miguelín también tiene pesadillas y se pone de mal humor, pero no hace nada para conseguir los pantalones. La diferencia es que Miguelín acepta su destino y se pone los pantalones feos para ir al colegio mientras que Jessica sigue pensando en cómo conseguir el celular.
3. Les importa más la reacción de sus amigos.
4. c

Un poco más

❶
1. c
2. f
3. a
4. d
5. g
6. b
7. h
8. e

❷ *Paragraphs will vary.*

Capítulo 3

Antes de leer: **Actividades**

A. *Answers will vary.*

B. *Answers will vary.*

Mientras lees: **Al fin y al cabo**

A. El cuento la hizo reír, pero no la ayudó a resolver su problema de cómo conseguir un celular.

B. Efraín y Elisa

C. Hablan de los teléfonos celulares y su importancia.

D. Elisa piensa que el celular es importante para poder tener la información de último momento.

E. Efraín piensa que Elisa usa el celular como instrumento del chisme.

F. A Jessica le choca ser la jueza de los debates entre sus dos amigos.

G. Elisa compara los celulares con las computadoras. Dice que los dos son medios de comunicación.

H. Efraín dice que usa Internet para fines intelectuales, para hacer investigaciones y para informarse sobre temas que le interesan.

I. Jessica piensa en como conseguir dinero para comprarse un celular y en la identidad de El_Poeta.man.

J. Van a la casa de Efraín.

K. Leen los comentarios que algunos jóvenes hacen sobre los celulares en las charlas de Internet.

L. Efraín dice que deben escribir un artículo para *El Canario* sobre las ideas que leen en Internet.

M. Encuentra una nota de El_Poeta.man.

Después de leer: **Actividades**

❶ *Answers will vary.*

❷ *Reactions and opinions will vary.*

❸ *Answers may vary. Possible answers:*
1. Debes tocar en una banda.
2. Debes reunirte con tus amigos.
3. Debes coleccionar monedas.
4. Debes jugar a las cartas.
5. Debes leer las tiras cómicas.
6. Debes alquilar videos de películas románticas.

Un poco más

❶ *Survey results and articles will vary.*

Capítulo 4

Antes de leer: **Actividad**

A. *Impressions and paragraphs will vary.*

Mientras lees: **El espejo sabio**

A. Ve a un futbolista guapo y sonriente, firmando autógrafos en los alrededores del estadio. Se siente alegre. Su familia también está alegre.

B. Ve al mejor guitarrista del mundo. Se siente emocionado.

C. Ve a un hombre pálido que se oculta como un ladrón. Su familia está muy preocupada.

D. Un inventor lo construyó hace cincuenta años. En el espejo se puede ver el futuro de la persona que se mira en él.

E. Dice que el espejo tiene razón, que su hijo sí va a ser ladrón porque le robó unas monedas del bolsillo de su chaqueta.

F. El hermano mayor empezó a entrenarse en los campos de fútbol; el hermano mediano empezó a estudiar la guitarra; y el hermano pequeño usaba los patines que no eran de él y se ponía las botas sin pagar por ellas.

G. La gente piensa que el hijo pequeño es un ladrón y que lo van a atrapar antes o después.

H. Oyó hablar de otro espejo sabio que construyó el nieto del inventor.

Respuestas **129**

I. Se puso a buscar por todas partes al marinero que construyó el otro espejo.

J. Se hizo jefe de los bomberos, según lo mostró el segundo espejo.

K. Estaba navegando por los mares del mundo.

L. Sólo los niños y los marineros creían en él.

M. Sí. Lo encontró en su barco.

N. En el espejo de su abuelo uno sólo se puede ver por fuera, pero en el suyo, uno se puede ver por dentro.

O. Vio a un hombre honrado y contento.

P. «Ése eres tú verdaderamente».

Q. Fue el más alegre porque se vio a sí mismo en un espejo sabio, o porque pudo por fin imaginarse cómo era verdaderamente.

R. *Answers will vary.*

Después de leer: **Actividades**

❶ *Paragraphs will vary.*

❷ *Paragraphs will vary.*

❸ *Possible descriptions:*
1. el hermano mayor: aplicado, atlético, guapo
2. el hermano mediano: creativo, entusiasta, aplicado
3. el hermano menor: (al principio) distraído, tímido, deshonesto; (al final) honesto, justo, responsable
4. la madre de los hermanos: estricta, exigente
5. la gente del pueblo: pesimista, superficial, antipática
6. el nieto del marinero: generoso, honesto, de buen humor

❹ *Answers will vary*

❺ d

Un poco más

❶
1. C, b
2. F, f
3. E, d
4. A, c
5. D, a
6. B, e

❷
1. *Paragraphs will vary.*

Capítulo 5

Antes de leer: **Actividad**

Answers will vary.

Mientras lees: **Una sola verdad**

A. Efraín

B. Sí

C. Es el último día de colegio antes de salir a vacaciones de Navidad.

D. Quiere ir a casa porque está cansada.

E. Se siente enojada y se pone muy seria.

F. Al *mall*

G. Porque necesita comprar unos regalos y quiere ver unos juegos electrónicos. También quiere estar con Jessica.

H. A Jessica no le parece una buena idea. Está cansada. La idea de ir a ver celulares nuevos la hace cambiar de opinión.

I. Van a ir en carro.

J. El carro es del padre de Efraín. Se lo prestó porque Efraín sacó buenas notas.

K. Son más o menos las cuatro. Jessica tiene que estar en casa a las siete para ayudarle a su madre a preparar las galletas de Navidad.

L. Efraín quiere ir a comer a la Avenida de la Comida.

M. Jessica quiere ir a la Tienda del Celular.

N. Ve a Camilo hablando animadamente con su archienemiga, Rosalinda. Empieza a caminar rápidamente en dirección opuesta a Camilo.

O. Quiere irse para no encontrarse con Camilo.

P. Concluye que son demasiado caros.

Q. Compra un perro caliente y una galleta de chocolate.

R. Se sienten malhumorados.

S. Se le desinfla una llanta.

T. Le pide su celular. Elisa le dice que lo tiró en la basura.

U. Jessica tiene el celular porque lo recogió de la basura después de que Elisa lo tiró.

V. No pueden avisarles a sus padres porque la batería del celular se descargó.

w. Efraín concluye que con la experiencia que tuvieron, cada uno de los tres aprendió algo diferente.

x. Recibe un mensaje instantáneo de El_Poeta.man.

Después de leer: **Actividades**

❶ *Answers will vary.*

❷ *Answers will vary.*

❸ *Answers will vary.*

❹ *Answers will vary.*

❺ *Answers will vary.*

❻ *Answers will vary.*

Un poco más

❶ galleta: olfato, gusto, tacto, vista
pastel: olfato, gusto, tacto, vista
música: oído
libros: tacto, vista
televisión: vista, oído
computadora: vista, oído, tacto
juegos electrónicos: oído, tacto, vista
radio: oído
árbol de Navidad: tacto, vista, olfato
piano: tacto, oído, vista
teléfono: oído, tacto, vista
carro: olfato, tacto, vista, oído
tenis: tacto, vista, oído
guitarra: tacto, vista, oído
película: vista, oído

❷ *Answers will vary.*

Capítulo 6

Antes de leer: **Actividad**

Answers will vary.

Mientras lees: **Cada loco con su tema**

A. La narradora está en su casa. Se siente un poco triste e irritada porque su hemano va a pasarla muy bien esa noche y ella no.

B. Los abuelos vienen a cenar. Están preparando tamales.

c. La madre explica que Roberto está ausente porque fue a ver a Cristina.

D. La tía no está de acuerdo con la actitud de los jóvenes de hoy. Cree que Roberto debería estar en casá con la familia.

E. La tía Luisa piensa que Roberto está visitando a su novia Cristina.

F. En ese momento llegan los abuelos y a ella se le olvidan las explicaciones.

G. A la narradora le encanta estar con sus abuelos.

H. Los abuelos piensan que la comida está deliciosa.

I. El abuelo se siente desilusionado por la ausencia de Roberto.

J. No. Cree que Roberto consiguió boletos para el *show* de Cristina en la televisión.

K. No logra hacerlo porque de repente suena el teléfono.

L. Llama Juan, un compañero de Roberto.

M. Nos revela que Roberto fue al concierto de Cristina Aguilera.

N. Que quería ir al concierto pero tuvo que quedarse en casa, aburrida y sin nada que hacer ni con quien hablar.

o. Sí la perdonaron, pero tardaron muchos días en hacerlo.

Después de leer: **Actividades**

❶ 1. *Answers will vary.*
   2. *Answers will vary.*
   3. *Answers will vary.*
   4. *Answers will vary.*

❷ *Summaries will vary.*

❸ *Paragraphs will vary.*

❹ *Dialogues will vary.*

Un poco más

❶ *Performances will vary.*

Capítulo 7

Antes de leer: **Actividad**

Answers will vary.

Mientras lees: **El que solo se ríe...**

A. Jessica

B. Dos horas y media

C. Cree que su mamá va a estar enojada y que la va a regañar.

D. La mamá abraza a Jessica y le toca la cara con mucho cariño.

E. Su mamá espera una explicación lógica y sincera.

F. Porque para Jessica era más conveniente decir sólo parte de la verdad.

G. Que tuvieron una llanta desinflada.

H. Jessica quiere un celular y trata de presionar a su mamá con el problema de la llanta desinflada.

I. Porque el profesor Álvarez se lo quitó por usarlo en la clase.

J. Dice que un policía se paró para ayudarlos.

K. Para darle las gracias y llevarle unas galletas de Navidad

L. A la mamá de Elisa. Quiere preguntarle qué modelo y cuál servicio de celular le compraron a Elisa.

M. Encuentra una nota de El_Poeta.man sobre un cuento de García Márquez.

N. Le dice «el que solo se ríe, de sus maldades se acuerda».

O. Decide confesarle toda la verdad a su madre.

P. Le deja una galleta en la forma de un ángel.

Q. Dice que es la galleta más sabrosa que ha probado en su vida.

Después de leer: **Actividades**

❶ *Answers will vary.*

❷ 1. No había teléfonos celulares.
2. No existían las computadoras personales.
3. No teníamos televisores a color.
4. Era muy importante obedecer a los padres.
5. Mis padres nos castigaban si llegábamos tarde a casa.

❸ 1. (5) Tuvimos una llanta desinflada cuando íbamos a casa.
2. (4) Yo quería ir a la Tienda del Celular.
3. (11) Le expliqué todo a mamá.
4. (3) Elisa se enojó cuando vio a Camilo con Rosalinda.

5. (9) Fui a mi cuarto y prendí la computadora.
6. (6) Eran las nueve y media cuando llegué a casa.
7. (2) Cuando llegamos al *mall*, Efraín tenía hambre.
8. (7) Pensaba que mamá estaba enojada conmigo, pero no lo estaba.
9. (10) Había una nota de El_Poeta.man en mi buzón electrónico.
10. (1) Ese día iba al *mall* con Elisa y Efraín.
11. (8) No le dije toda la verdad a mi mamá.

❹ *Answers will vary.*

❺ *Descriptions will vary.*

Un poco más

❶ *Answers will vary.*

Capítulo 8

Antes de leer: **Actividad**

Answers will vary.

Mientras Lees: **Un problema de aritmética**

A. Un niño de la ciudad

B. Al Niño Dios

C. Trescientos mil triciclos para las Navidades

D. La carta es corta, breve, concisa y directa.

E. Porque se portó muy bien durante todo el año.

F. Seis años

G. Se levanta a las seis; va al baño por sus propios pies; se lava los dientes cuidadosamente; en la escuela nunca hay ninguna queja contra él; se come todo lo que se le sirve; hace su tarea sin ayuda de nadie; se retira a su cama después de darle cordiales buenas noches a sus padres.

H. No, es hijo único.

I. El año anterior pidió un triciclo.

J. Sus padres hicieron todo lo posible por conseguirlo pero no pudieron reunir suficiente dinero.

K. Recibió sólo un par de patines y una nota del Niño Dios.

L. Decía que no le regalaban el triciclo porque varias veces se levantó tarde, no se quiso bañar, se quedó jugando en la escuela y no llevó la tarea de aritmética el 13 de junio.

m. Sí

n. Sí

o. Sí

Después de leer: **Actividades**

❶ *Answers will vary.*

❷ *Answers will vary.*

❸ *Answers will vary.*

❹ *Answers will vary.*

❺ *Answers will vary.*

Un poco más

❶ **1.** c **2.** e **3.** a **4.** g
5. h **6.** b **7.** d **8.** f

❷ *Answers will vary.*

Capítulo 9

Antes de leer: **Actividad**

Answers will vary.

Mientras lees: **Amor estilo Hollywood**

A. *Answers may vary.* La narradora es Elisa.

B. Quieren cautivar la atención de Camilo Obregón.

C. El equipo de básquetbol del colegio.

D. Camilo Obregón.

E. Se siente enamorada de él.

F. No. Se refiere a él como: héroe valiente, hombre sin igual, príncipe.

G. Las chicas lo rodean como un círculo de guardaespaldas de la CIA.

H. Se sienta a un lado para evaluar las posibilidades.

I. Cuando Camilo se aparta de las chicas, Elisa piensa que él se dirige hacia ella y por eso se arregla el pelo y compone su mejor sonrisa.

J. Le pisa el pie y le derrama el refresco en la manga de la blusa. No se disculpa por su torpeza porque ni siquiera se da cuenta de lo que hace.

K. Camilo se dirigía hacia Rosalinda Superlinda.

L. Un chico alto que ella ha visto antes, pero que no conoce personalmente.

M. El chico se llama Rolando Montemayor.

N. Elisa pasa varias horas hablando con Rolando y está tan contenta que se olvida de la manga mojada de su vestido y de la uña morada de su pie izquierdo.

O. La noche fue mejor de lo que Elisa esperaba porque conoció a un chico que sí estaba interesado en ella y se olvidó de Camilo quien en realidad no le prestaba atención.

Después de leer: **Actividades**

❶ *Text and answers will vary.*

❷ *Directions will vary.*

❸ *Dialogues will vary.*

❹ *Descriptions will vary.*

Un poco más

❶ *Interviews will vary.*

Capítulo 10

Antes de leer: **Actividad**

1. d

2. a

3. b

4. c

Mientras lees: **Tres poemas**

A. *Answers will vary.*

B. El alma está cautiva en una cárcel.

C. El amor se compara con una llave que abre esa cárcel.

D. Se refiere a las heridas «del alma». El dolor que dejan algunas experiencias de la vida.

E. *Answers will vary. Example:* El amor, al igual que el agua en un desierto, da vida.

F. *Answers will vary. Examples:* perfumes y armas / rosa y espada / gobernar y ser esclavo / día y noche / cuerpo y alma.

G. Sí. «es padecer espacio y tiempo con dulzura». *Examples will vary.*

H. Es triste y es alegre a la vez. El corazón está en las tinieblas pero una pequeña lucecita (el amor) en esa oscuridad le da esperanza.

I. *Answers will vary.*

J. *Answers will vary.*

K. *Answers will vary.*

L. Expresa sentimientos de opresión.

M. La narradora se compara a un canario en una jaula y quiere su libertad, o sea, volar.

N. *Answers will vary.*

O. *Answers will vary. Examples:* se siente triste, sentimental, nostálgico.

P. El poeta escribe sobre un amor de su pasado.

Q. *Opinions will vary. Example:* El todavía la echa de menos; todavía sufre. Pero sabe que han cambiado y que ya no la quiere o sí la quiere pero su amor es imposible.

R. *Answers will vary.*

Después de leer: **Actividades**

❶ *Drawings and explanations will vary.*

❷ *Dialogues will vary.*

❸ *Stories will vary.*

❹ *Answers will vary.*

❺ *Poems, dialogues, or stories will vary.*

Un poco más

❶ *Poems will vary.*

Capítulo 11

Antes de leer: **Actividades**

A. *Group discussions will vary.*

B. *Answers will vary.*

Mientras lees: ¿Quién es El_Poeta.man?

A. Sofía y otros estudiantes lo creen.

B. Jessica lo puso.

C. Lo puso porque quería saber si otros sabían de El_Poeta.man.

D. Hay una cantidad de notas que otros estudiantes recibieron de El_Poeta.Man.

E. Los estudiantes creen que es hombre porque su nombre incluye «El» y lo confirma con «man».

F. El profesor concluye que no se puede saber si es hombre o mujer porque la persona puede estar ocultando su identidad a propósito.

G. Dulce María dice que a El_Poeta.Man le gusta la literatura.

H. A Evadina le parece que El_Poeta.Man cree que el cuento o el poema puede servir como guía.

I. Jessica dice que la literatura no le puede conseguir un celular. Elisa dice que no puede conseguirle la cita con el muchacho de sus sueños.

J. Efraín dice que la literatura no le puede cambiar la llanta desinflada.

K. Algunas de las razones que dan los estudiantes son: la comunicación, la terapia personal, la diversión y la imaginación.

L. *Answers will vary.*

M. *Answers will vary.*

Después de leer: **Actividades**

❶ *Answers will vary.*

❷ *Dialogues will vary.*

❸ *Letters will vary.*

❹ *Texts and explanations will vary.*

❺ *Stories or essays will vary.*

Un poco más

❶ *Comic strips will vary.*

Capítulo 12

Antes de leer: **Actividades**

A. *Paragraphs or verses will vary.*

B. *Opinions will vary.*

Mientras lees: **Tres textos literarios**

A. Una llave

B. Sí; puede «dar vida» y puede «matar».

C. *Answers may vary. Example:* La imaginación es lo que verdaderamente vale.

D. Existen para el beneficio de nosotros o de los poetas.

Se compara con un dios porque su tarea es crear.

F. *Answers will vary.* El «narrador» es Borges, como persona. Se refiere a su otro «yo», el famoso «escritor».

G. Al narrador le gustan los relojes de arena, los mapas, la tipografía del siglo XVIII, las etimologías, el sabor del café y la prosa de Stevenson. Al otro también le gustan estas cosas pero él las convierte en atributos de un actor.

H. Su relación no es hostil. Cada uno vive y deja vivir al otro.

I. Piensa que el otro ha escrito algunas páginas buenas.

J. Lo acusa de falsear y de magnificar.

K. El narrador dice que se reconoce menos en los libros del otro que en muchos otros.

L. *Answers will vary.*

M. Al poeta le preocupa que al morir no quede nada de él en la tierra.

N. Se compara a una flor porque su vida, como la de la flor, es efímera.

O. Quiere dejar su poesía.

Después de leer: **Actividades**

❶ *Texts and reasons will vary.*

❷ *Lists of adjectives will vary.*

❸ *Descriptions will vary.*

❹ *Letters will vary.*

❺ *Lists and essays will vary.*

Un poco más

❶ *Student works will vary.*

espuestas

35

Acknowledgments

For permission to reprint copyrighted material, grateful acknowledgment is made to the following sources:

Agencia Literaria Carmen Balcells on behalf of Fundación Pablo Neruda: "Poema 20" by Pablo Neruda. Copyright © by Pablo Neruda and Fundación Pablo Neruda.

Alianza Editorial, S.A. Madrid: "Estar Enamorado" by Francisco Luis Bernárdez from *Antología de la poesía hispanoamericana contemporánea: 1914-1987.* Copyright © 1971, 2000 by Alianza Editorial, S.A., Madrid.

Ediciones SM: "El lío de mis pantalones" by Braulio Llamero and "El espejo sabio" by Pilar Mateos from *Los más jóvenes: Un barco cargado de cuentos.* Copyright © 1997 by Ediciones SM.

Editorial Bruguera, S.A.: "Un problema de aritmética" from *Obra perodística Vol. 1, Textos costeños* by Gabriel García Márquez. Copyright © 1981 by Gabriel García Márquez.

The Wylie Agency, Inc.: "Borges y yo" by Jorge Luis Borges from *Obras completas.* Copyright © 1974 by Emecé Editores; Copyright © 1996 by Maria Kodama.

Vicente García Huidobro Portales: "Arte poética" by Vicente Huidobro. Copyright © by Vicente Huidobro.

Sociedad Editora Latino Americana, S.R.L.: "Hombre pequeñito" by Alfonsina Storni.

Photography Credits

Abbreviations used: (t) top, (b) bottom, (c) center, (l) left, (r) right.

All photos HRW Photo/Sam Dudgeon except:

vi (tl), HRW Photo/Victoria Smith; vii, HRW Photo/Victoria Smith; 2 (t), Grace Louise/Geeze Louise Studios; 8 (t, b), PhotoDisc—Digital Image copyright © 2003 PhotoDisc; 20 (r), HRW Photo/Victoria Smith; 21 (b), HRW Photo/Victoria Smith; 22 (c), PhotoDisc—Digital Image copyright © 2003 PhotoDisc; (c bkgd), HRW Photo/Victoria Smith; 43 (tl), Michelle Bridwell/Frontera Fotos; (bl), A.B. Chiquito; (br), Robert Brenner/PhotoEdit; 54, HRW Photo/Victoria Smith; 55, HRW Photo/Victoria Smith; 56, HRW Photo/Victoria Smith; 57 (both), HRW Photo/Victoria Smith; 60 (all), Michelle Bridwell/Frontera Fotos; 62, © 1996 Titolo/Contrasto/SABA Press Photos, Inc.; 83, Gentileza de Ediciones "El Galeón" Roberto Cataldo, Libería Anticuaria; 84, Sam Falk/New York Times Co./Archive Photos; 87 (l), Myles Aronowitz/Motion Picture & Television Photo Archive; (r), Gema La Mana/Motion Picture & Television Photo Archive; 88 (l), Omni Photo Communications, Inc./Index Stock Imagery, Inc.; (c), © RNT Productions/CORBIS (r), © E. Dygas/Getty Images/FPG International; 90, HRW Photo/Victoria Smith; 91, HRW Photo/Victoria Smith; 92, HRW Photo/Victoria Smith; 93, HRW Photo/Victoria Smith; 95 (tl), Hal Garb/ Zephyr Pictures; (tr), Jacques Jangoux/Stone Images; (cl), Chris Sharp/ DDB Sock Photo; (cr), Hal Garb/ Zephyr Pictures; (bl, br), D. Donne Bryant/ DDB Stock Photo; 99, Loren McIntyre; 101, © Peter Bennett/Viesti Collection, Inc.; 103, SuperStock.

Illustration Credits

Abbreviated as follows: (t) top, (b) bottom, (l) left, (r) right, (c) center.
All art, unless otherwise noted, by Holt, Rinehart & Winston.

Table of Contents: Page iv, Edson Campos; v (tl), Jeff Moores; v (bl), Jeff Moores; v (br), Edson Campos; vi (bl), Jeff Moores; vii (tl), Jessica Wolk-Stanley; vii (tr), Fian Arroyo.

Chapter One: Page 3, Edson Campos. **Chapter Two:** Page 11, Edson Campos; 12, Edson Campos; 13, Edson Campos; 14, Edson Campos; 16, Edson Campos; 18, Charles Peale. **Chapter Three:** Page 19, Edson Campos; 25, Charles Peale. **Chapter Four:** Page 28, Jeff Moores; 29, Jeff Moores; 30, Jeff Moores; 31, Jeff Moores; 32, Jeff Moores; 33, Jeff Moores; 34, Charles Peale. **Chapter Six:** Page 46, Edson Campos; 47, Edson Campos; 48, Edson Campos; 49, Edson Campos; 51, Edson Campos; 52, Edson Campos. **Chapter Eight:** Page 62, Jeff Moores; 63, Jeff Moores; 64, Jeff Moores; 65, Jeff Moores; 67, Jeff Moores. **Chapter Nine:** Page 77, Jeff Moores. **Chapter Ten:** Page 79, Charles Peale; 80, Charles Peale; 81 (t), Charles Peale; 81 (b), Jessica Wolk- Stanley; 82, Jessica Wolk- Stanley; 83, Jessica Wolk- Stanley; 84, Jessica Wolk- Stanley; 85, Jessica Wolk- Stanley. **Chapter Eleven:** Page 96, Jeff Moores. **Chapter Twelve:** Page 98, Charles Peale; 100, Fian Arroyo.

Agradecimientos